국가공인 '한자자격시험' 대비 수험서
최고의 적중률을 자신합니다!!

기출문제를 토대로 한 **국가공인**

한자 자격시험
연습문제집 2급

- 선정한자 수록
- 기출문제를 토대로 한 연습문제 15회분 구성
- 실제 시험형태의 문제지와 답안지로 실전 대비
- 대학 특기, 특별전형 시 우대
- 삼성전자 및 주요 기업 입사, 승진 시 가산점 부여

형 민 사

기출문제를 토대로 한
한자자격시험 연습문제 2급

인 쇄 | 2024. 02. 10
펴 낸 곳 | 주식회사 형민사
지 은 이 | 국제어문능력개발원
인터넷구매 | www.hanja114.co.kr
구 입 문 의 | TEL.02-736-7693~4, FAX.02-736-7692
주 소 | ㉾100-032 서울시 중구 수표로45, B1 101호(저동2가 비즈센터)
등 록 번 호 | 제2016-000003호
정 가 | 12,000
I S B N | 978-89-91325-39-5 13710

일러두기

한자실력급수 자격시험
연습문제집 2급

1.

이 책은
'사단법인 한자교육진흥회'가 주관하고
'한국한자실력평가원'이 시행하는
'한자실력급수 자격시험 2급'을 준비하는 응시자를 위해
만들어졌습니다.

2.

선정한자와 실용한자어를 익힌 후
기출문제를 토대로 한 15회분의 연습문제를 풀면서
출제유형과 경향을 파악하도록 구성하였습니다.

3.

정답을 작성할 수 있는 연습용 답안지 5회분을 수록하여
실전에 대비한 모의시험이 가능하도록 하였습니다.

한자실력급수 자격시험
연습문제집 2급

목차

국가공인 한자자격시험 안내

한자자격시험은

낱글자 암기 능력 위주의 평가를 지양하고
우리 국어 생활에 필요한 한자어들의 활용 능력을 평가하여
한자공부로 一石多鳥의 효과를 누릴 수 있도록 구성된
국가공인기관에서 시행하는 시험입니다.

총 5,000자의 선정한자를 등급별로 선정	▶	체계있는 단계별 한자학습
초·중·고등학교 교과서 한자어 평가	▶	전 교과목 학습능력 향상
총 1,000여 단어의 직업별 전문용어 평가	▶	업무능력의 향상

시험일정: 연간 4회(세부일정은 홈페이지 참조, www.hanja114.org, 전화 02-3406-9111)

시험 요강

급수		공인급수				고양급수							
		사범	1급	2급	3급	준3급	4급	준4급	5급	준5급	6급	7급	8급
평가한자수	계	5,000자	3,500자	2,300자	1,800자	1,350자	900자	700자	450자	250자	170자	120자	50자
	선정한자	5,000자	3,500자	2,300자	1,300자	1,000자	700자	500자	300자	150자	70자	50자	30자
	교과서. 작업군별 실용한자어	단문. 한시 등	500단어	500단어	500자 (436단어)	350자 (305단어)	200자 (156단어)	200자 (139단어)	150자 (117단어)	100자 (62단어)	100자 (62단어)	70자 (43단어)	20자 (13단어)
문항수		200	150	100	100	100	100	100	100	100	80	50	50
합격기준		80점	70점	70점	70점	70점	70점	70점	70점	70점	70점	70점	70점
시험시간(분)		120	80	60	60	60	60	60	60	60	60	60	60

※교과서 한자어는 3급 이하 급수에서 출제되며, 쓰기문제는 출제되지 않습니다. ※직업군별 실용한자어는 1급과 2급에서 출제됩니다.

접수방법

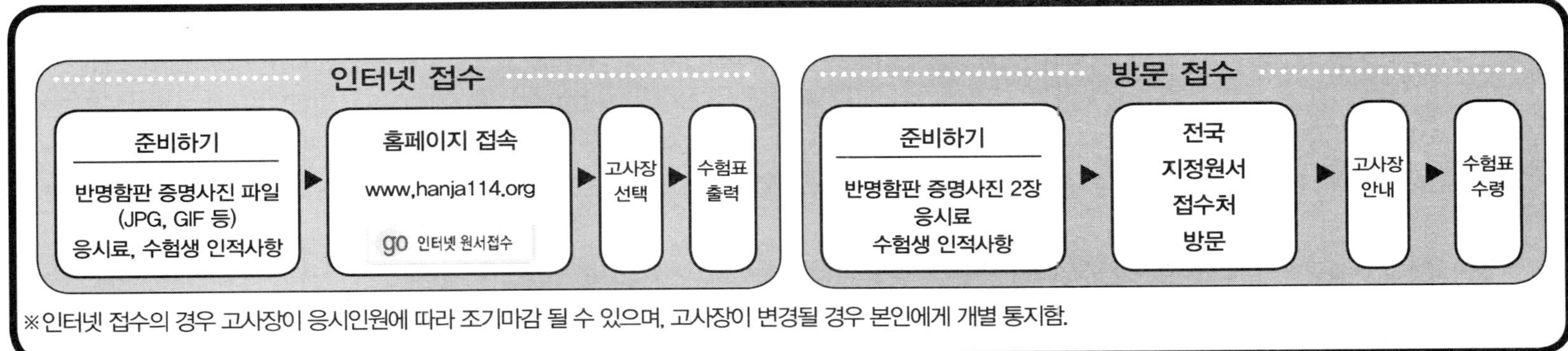

※인터넷 접수의 경우 고사장이 응시인원에 따라 조기마감 될 수 있으며, 고사장이 변경될 경우 본인에게 개별 통지함.

시험당일 준비 사항

▶ 수험표와 신분증 소지
▶ 필기구: 6급 이상 – 컴퓨터용 싸인펜, 검정볼펜, 수정테이프
　　　　　 7급~8급 – 연필, 지우개
▶ 고사장 위치 사전 확인
▶ 시험시간 20분 전 입실 완료

추천교재 구입처

도서출판 **형 민 사**

전화: 02)736-7694
홈페이지: www.hanja114.com

공기로 20년 희망으로 200년!

사단법인 한자교육진흥회는?

- 한자교육 단체 중 국내 최초로 법인 인가(1990년 11월)/국가공인 · 자격관리 운영기관 지정(2004년 1월)
- 국내 유일의 공교육체계에 맞는 급수 편성
- 3급부터 사범급까지 전체 급수 공인취득 ➡ **국가공인 민간자격증은 자격기본법 제 23조 3항에 따라 국가자격을 취득한 자와 동등한 대우를 받음**
- 전역예정장교 직업훈련교육기관으로 지정된 단체
- 생활보호대상자(학교별 단체 특별시험에 한함–교장의 추천), 교도소재소자, 발달장애아 등에게 무료 응시케 하는 사회봉사 단체
- **해외 한인학교 한자교육 및 자격시험 지원 기관(인도네시아, 독일 등)**
- 공공기관이 주관 · 실시하는 한자경시대회 출제 및 채점 지원(양천구청장배 등)
- ※ **간송학술장학재단의 장학규정에 의거 초 · 중 · 고교생 중 사범 합격자에게는 장학증서 및 장학금 지급**

한자자격시험은 이렇게 출제하여 평가한다.

- 교육부선정 한문교육용 기초한자 1,800자와 대법원인명용한자, 전산용한자, 고문연구용한자 등 총 5,000자를 급수별로 선정하고, 초·중·고교의 교과서 한자어와 직업군별 실용한자어 등을 종합평가한다.
- **객관식 약 30%, 주관식 약 70%로 출제**하고 한자의 훈음, 독음, 상대어(반의어), 유의어, 부수, 고문의 이해 범위에서의 쓰기, 읽기, 해석하기, 문장구성 등 종합적 활용능력을 평가한다.
- 3급 이하에서 출제되는 교과서 한자어는 사용 빈도수가 높은 단어를 선정 평가함으로써 **어휘력, 논술력 향상과 교과서 한자어의 인지도를 높여 종합적 학습능력을 신장**시킨다.
- 2급, 1급에서는 직업군별 실용한자어를 평가함으로써 **직무능력의 향상**을 꾀한다.

자격증을 취득하면 어디에 활용하는가?

초 · 중 · 고교생	• 초 · 중 · 고교 학교 생활기록부 '자격증 및 인증 취득상황'란에 등재 (교육과학기술부 훈령 제719호 학교 생활기록 작성 및 관리지침 제10조)되며 진학 및 개인별 능력평가 시 반영 ◐ '자격증 및 인증 취득상황'란 기재 예시

자격종목	급수	자격증번호	취득년월일	자격증발행기관
한자실력급수	3급	000-30-00000	2008.00.00.	(사)한자교육진흥회

초 · 중 · 고교생	• 국내 유수대학의 **입시에 우대** (각 대학의 입시요강 참고) • 이화여자외국어고등학교, 김포외국어고등학교는 한자자격시험에 전원 응시케 해 자격증을 취득하고 있음
대학생 · 일반 · 직장인	• 한국방송통신대학교 중어중문학과에서 1급 이상의 자격을 취득한 자는 졸업논문 대체 인정 • 한국교육개발원의 학점인정기준에 따라 전국학점은행제 기관에 신청하면 **사범 5학점, 1급 3학점 인정** • 전국경제인연합회 전임 강신호 회장이 타 단체와 크게 차별화 된 것을 높이 평가 전경련 회원사 (기업체)에 추천 ◐ 국정원, 삼성그룹, 한국무역협회, 동아제약, 우리은행 등 **수많은 기업신입사원 채용 시 가산점 부여, 면접활용** ◐ 녹십자와 현대건설 등 다수의 기업에서는 협약을 맺어 전 사원에게 한자자격시험에 응시 인사고과에 반영 • 육군간부 및 군무원의 인사고과 반영 • 경기도 파주시청을 비롯한 국가기관에서 **공무원 직무능력 향상의 수단으로 한자 자격취득 권장**

한자자격시험 응시를 위한 준비는 어떻게 하나?

- **교재 활용하기**
  - ◐ **추천도서**: 도서출판 **형민사** 발행 수험서
    - 한자자격시험(사범~8급, 총 12종)
    - 한자자격시험 연습문제집 (사범~8급, 총 12종)
    - 한자공부(1단계~5단계: 8급~5급 내용수록)
    - 쉽고 재미있게 익히는 한자공부 (초등학교용, 1단계~3단계): 서울시 교육감인정도서
- **인터넷 활용하기**
  - ◐ 한자교육진흥회 홈페이지의 **기출문제** 이용하기: **www.hanja114.org** ➡ 상단 메뉴바 기출문제 참고

2급　선정한자

가

賈	성	가	(贾)
嘉	아름다울	가	
伽	절	가	
閣	누각	각	(阁)
却	물리칠	각	
珏	쌍옥	각	
肝	간	간	
諫	간할	간	(谏)
簡	대쪽	간	(简)
奸	범할/간사할	간	
懇	정성	간	(恳)
幹	줄기	간	(干)
葛	칡	갈	
鑑	거울	감	(鉴)
憾	한할	감	
鉀	갑옷	갑	(钾)
岬	산허리	갑	
剛	굳셀	강	(刚)
綱	벼리	강	(纲)
腔	빈속	강	
姜	성	강	
岡	언덕	강	(冈)
疆	지경	강	
凱	개선할	개	(凯)
箇	낱	개	(个)
概	대개	개	(概)
蓋	덮을	개	(盖)
慨	슬퍼할	개	(慨)
坑	구덩이	갱	
據	의지할/의거할	거	(据)
鍵	열쇠	건	(键)
乞	빌	걸	
劫	위협할	겁	
揭	높이들	게	
憩	쉴	게	
隔	막힐	격	
擊	칠	격	(击)

牽	끌	견	(牵)
遣	보낼	견	
絹	비단	견	(绢)
肩	어깨	견	
訣	이별할	결	(诀)
謙	겸손할	겸	(谦)
竟	마침내	경	
卿	벼슬	경	(卿)
瓊	붉은옥	경	(琼)
炅	빛날	경	
璟	옥빛	경	
頃	잠깐/이랑	경	(顷)
徑	지름길	경	(径)
桂	계수나무	계	
繫	얽어맬	계	(系)
啓	열(열다)	계	(启)
屆	이를	계	(届)
膏	기름	고	
顧	돌아볼	고	(顾)
枯	마를	고	
鼓	북	고	
雇	품팔이	고	
哭	울	곡	
恐	두려울	공	
菓	과자	과	
瓜	오이	과	
誇	자랑할	과	(夸)
寡	적을	과	
戈	창	과	
郭	성곽	곽	
寬	너그러울	관	(宽)
款	정성	관	
館	집	관	(馆)
狂	미칠	광	
鑛	쇳돌	광	(矿)
掛	걸(걸다)	괘	(挂)
卦	점괘	괘	
怪	기이할	괴	
傀	꼭두각시	괴	

壞	무너질	괴	(坏)
愧	부끄러울	괴	
塊	흙덩이	괴	(块)
僑	객지살	교	(侨)
巧	공교할	교	
狡	교활할	교	
郊	들	교	
絞	목맬	교	(绞)
矯	바로잡을	교	(矫)
膠	아교	교	(胶)
鷗	갈매기	구	(鸥)
狗	개	구	
懼	두려울	구	(惧)
邱	땅이름	구	
灸	뜸	구	
驅	몰	구	(驱)
鳩	비둘기	구	(鸠)
購	살(사다)	구	(购)
丘	언덕	구	
玖	옥돌	구	
仇	원수	구	
拘	잡을/거리낄	구	
歐	토할	구	(欧)
俱	함께	구	
菊	국화	국	
鞠	기를	국	
窟	굴	굴	
屈	굽힐/굴복할	굴	
掘	팔	굴	
倦	게으를	권	
圈	둘레	권	
厥	그	궐	
闕	집	궐	(阙)
軌	굴대/바퀴사이	궤	(轨)
龜	거북	귀	(龟)
鬼	귀신	귀	
糾	바로잡을/꼴	규	(纠)
奎	별이름	규	
叫	부르짖을	규	

珪	서옥	규	(圭)
閨	안방	규	(闺)
揆	헤아릴	규	
圭	홀	규	
劇	심할/연극	극	(剧)
僅	겨우	근	(仅)
瑾	구슬	근	
槿	무궁화	근	
筋	힘줄	근	
琴	거문고	금	
禽	날짐승/새	금	
錦	비단	금	(锦)
兢	삼가할	긍	
矜	자랑할	긍	
肯	즐길	긍	
岐	갈림길	기	
麒	기린	기	
忌	꺼릴	기	
耆	늙을	기	
騎	말탈	기	(骑)
棋	바둑	기	
棄	버릴	기	(弃)
豈	어찌/바랄	기	
琪	옥	기	
琦	옥이름	기	
飢	주릴	기	(饥)
騏	준마	기	(骐)
汽	증기	기	
緊	굳게얽을	긴	(紧)

나

那	어찌	나	
諾	허락할	낙	(诺)
奈	어찌	내	
寧	편안할	녕	(宁)
濃	짙을	농	(浓)
惱	괴로워할	뇌	(恼)
尿	오줌	뇨	

尼	여승	니	
泥	진흙	니	
溺	빠질	닉	
匿	숨을	닉	

다

鍛	단련할	단	(锻)
檀	박달나무	단	
旦	아침	단	
撻	매질할	달	(挞)
毯	담요	담	
潭	못	담	
膽	쓸개	담	(胆)
踏	밟을	답	
唐	당나라	당	
塘	못	당	
糖	엿	당	
臺	대	대	(台)
戴	일	대	
袋	자루	대	
垈	터	대	
渡	건널	도	
途	길	도	
挑	돋울	도	
跳	뛸	도	
塗	바를	도	(涂)
稻	벼	도	
桃	복숭아	도	
燾	비출	도	(焘)
禱	빌	도	(祷)
悼	슬퍼할	도	
陶	질그릇	도	
萄	포도	도	
篤	도타울	독	(笃)
敦	도타울	돈	
頓	조아릴	돈	(顿)
棟	마룻대	동	(栋)
凍	얼	동	(冻)
桐	오동나무	동	
杜	막을	두	
鈍	무딜/둔할	둔	(钝)
屯	진칠	둔	
藤	등나무	등	
謄	베낄	등	(誊)

騰	오를	등	(腾)

라

裸	벌거벗을	라	
洛	강이름	락	
絡	맥락/이을	락	(络)
欄	난간	란	(栏)
蘭	난초	란	(兰)
爛	빛날	란	(烂)
剌	어그러질	랄	
濫	넘칠	람	(滥)
藍	쪽	람	(蓝)
拉	꺾을	랍	
朗	밝을	랑	
廊	행랑	랑	
萊	명아주	래	(莱)
掠	노략질할	략	
梁	들보/돌다리	량	
亮	밝을	량	
諒	살필	량	(谅)
麗	고울	려	(丽)
廬	오두막집	려	(庐)
呂	음률	려	(吕)
侶	짝	려	(侣)
勵	힘쓸	려	(励)
曆	책력	력	(历)
鍊	단련할	련	(鍊)
煉	달굴	련	(炼)
憐	불쌍할	련	(怜)
劣	못할	렬	
裂	찢을	렬	
廉	청렴할	렴	
獵	사냥할	렵	(猎)
齡	나이	령	(龄)
零	떨어질	령	(零)
靈	신령	령	(灵)
玲	옥소리	령	(玲)
隸	종	례	(隶)
蘆	갈대	로	(芦)
盧	검을	로	(卢)
魯	노나라	로	(鲁)
虜	사로잡을	로	(虏)
爐	화로	로	(炉)
祿	녹	록	(禄)

籠	새장	롱	(笼)
弄	희롱할	롱	
賂	뇌물줄	뢰	(赂)
雷	우레	뢰	
賴	힘입을/의뢰할	뢰	(赖)
僚	동료	료	
療	병고칠	료	(疗)
涙	눈물	루	(泪)
樓	다락	루	(楼)
漏	샐	루	
累	여러/포갤	루	
屢	자주/여럿	루	(屡)
謬	그릇될	류	(谬)
劉	죽일	류	(刘)
率	비율	률	
隆	높을	륭	
陵	언덕	릉	
裏	속(=裡)	리	(里)
鄰	이웃	린	(邻)
粒	낟알	립	

마

磨	갈(갈다)	마	
魔	마귀	마	
摩	문지를	마	
痲	저릴	마	
寞	고요할	막	
漠	사막/아득할	막	
幕	장막	막	
膜	흘떼기	막	
慢	거만할	만	
灣	물굽이	만	
漫	물질펀할	만	
瞞	속일	만	(瞒)
蠻	오랑캐	만	(蛮)
娩	해산할	만	
網	그물	망	(网)
茫	망망할	망	
罔	없을	망	
枚	낱	매	
埋	묻을	매	
昧	어두울	매	
寐	잠잘	매	
媒	중매	매	

脈	맥/줄기	맥	(脉)
猛	사나울	맹	
覓	찾을	멱	(觅)
綿	솜	면	(绵)
滅	멸망할/꺼질	멸	(灭)
蔑	업신여길	멸	
冥	어두울	명	
謨	꾀	모	(谟)
謀	꾀할	모	(谋)
茅	띠	모	
貌	모양	모	
帽	모자	모	
冒	무릅쓸	모	
牡	수컷	모	
侮	업신여길	모	
耗	줄일	모	
矛	창	모	
牟	클	모	
沐	목욕할	목	
沒	빠질	몰	(没)
夢	꿈	몽	(梦)
蒙	어릴/무릅쓸	몽	
廟	사당	묘	(庙)
苗	싹	묘	
毋	말	무	
巫	무당	무	
霧	안개	무	(雾)
默	잠잠할	묵	
汶	물이름	문	
紊	어지러울	문	
眉	눈썹	미	
迷	미혹할	미	
微	작을	미	
旻	가을하늘	민	
閔	근심할	민	(闵)
悶	민망할	민	(闷)
憫	불쌍히여길	민	(悯)
玟	옥돌	민	
珉	옥돌	민	
旼	온화할	민	
蜜	꿀	밀	

바

泊	배댈/머무를	박	

漢字	뜻	음	약자
拍	칠	박	
舶	큰배	박	
迫	핍박할	박	
叛	배반할	반	
盤	소반/쟁반	반	(盘)
搬	운반할	반	
伴	짝	반	
拔	뺄/뽑을	발	
傍	곁	방	
紡	길쌈	방	(纺)
旁	두루	방	
倣	본받을/모방할	방	(仿)
肪	비계	방	
龐	클	방	(庞)
謗	헐뜯을	방	(谤)
俳	광대	배	
排	물리칠/헤칠	배	
賠	배상할	배	(赔)
培	북돋을/배양할	배	
裵	성	배	(裴)
魄	넋	백	
伯	맏	백	
帛	비단	백	
柏	잣나무	백	
飜	뒤칠/번역할	번	(翻)
煩	번거로울	번	(烦)
閥	문벌	벌	(阀)
汎	뜰	범	(泛)
碧	푸를	벽	
僻	후미질	벽	
弁	고깔	변	
辨	분별할/변별할	변	
卞	성	변	
竝	아우를	병	(并)
屛	병풍	병	(屏)
炳	불꽃	병	
幷	아우를	병	(并)
柄	자루	병	
秉	잡을	병	
輔	도울	보	(辅)
甫	클	보	
覆	뒤집힐	복	
縫	꿰맬	봉	(缝)
蜂	벌	봉	
俸	봉사할/녹	봉	
封	봉할	봉	
鳳	봉황새	봉	(凤)
釜	가마	부	
賦	구실/과할	부	(赋)
赴	다다를/부임할	부	
簿	문서	부	
訃	부고	부	(讣)
符	부신/명부	부	
賻	부의	부	(赙)
附	붙을	부	
膚	살갗	부	(肤)
腐	썩을	부	
剖	쪼갤	부	
盆	동이	분	
奮	떨칠	분	(奋)
墳	무덤	분	(坟)
憤	분할/성낼	분	(愤)
噴	뿜을	분	(喷)
弗	아니	불	
崩	무너질/붕괴할	붕	
婢	계집/여자종	비	
卑	낮을/천할	비	
匪	도둑	비	
毗	도울	비	(毗)
碑	비석	비	
匕	비수	비	
妃	왕비	비	
彬	빛날	빈	
賓	손님	빈	(宾)
頻	자주	빈	(频)
聘	부를/맞을	빙	

사

漢字	뜻	음	약자
邪	간사할	사	
似	같을/비슷	사	
詞	말/글	사	(词)
辭	말씀	사	(辞)
飼	먹일	사	(饲)
沙	모래	사	
蛇	뱀	사	
唆	부추길	사	
斜	비낄	사	
祠	사당	사	
奢	사치할	사	
徙	옮길	사	
赦	용서할	사	
賜	줄/하사할	사	(赐)
削	깎을	삭	
朔	초하루	삭	
酸	실(시다)	산	
傘	우산	산	(伞)
撒	뿌릴	살	
森	빽빽할	삼	
蔘	삼	삼	
揷	꽂을	삽	
嘗	맛볼	상	(尝)
桑	뽕나무	상	
箱	상자	상	
詳	자세할/상세할	상	(详)
裳	치마	상	
塞	변방	새	
逝	갈(가다)	서	
誓	맹세할	서	
瑞	상서로울	서	
緒	실마리	서	(绪)
敍	차례	서	
徐	천천히	서	
舒	펼	서	
析	가를/쪼갤	석	
錫	주석	석	(锡)
奭	클	석	
碩	클	석	(硕)
釋	풀	석	(释)
禪	고요할	선	(禅)
繕	기울	선	(缮)
旋	돌(돌다)	선	
膳	반찬	선·	
薛	성씨	설	
纖	가늘	섬	(纤)
閃	번쩍할	섬	(闪)
攝	끌어잡을	섭	(摄)
燮	불꽃	섭	
晟	밝을	성	
貰	세낼	세	(贳)
沼	늪	소	
蘇	깨어날	소	(苏)
昭	밝을	소	
召	부를	소	
燒	불사를	소	(烧)
巢	새집	소	
騷	시끄러울	소	(骚)
紹	이을	소	(绍)
疏	트일	소	
訴	하소연할	소	(诉)
屬	무리/붙일	속	(属)
粟	조	속	
遜	겸손할	손	(逊)
宋	나라이름	송	
誦	욀	송	(诵)
碎	부술	쇄	
鎖	쇠사슬/자물쇠	쇄	(锁)
衰	쇠약할	쇠	
需	구할	수	
殊	다를	수	
垂	드리울	수	
隨	따를	수	(随)
銖	무게이름	수	(铢)
洙	물이름	수	
羞	부끄러울	수	
隋	수나라	수	
戍	수자리	수	
粹	순수할	수	
遂	이룰/드디어	수	
帥	장수	수	(帅)
睡	졸(졸다)	수	
獸	짐승	수	(兽)
搜	찾을	수	
孰	누구	숙	
肅	엄숙할	숙	(肃)
瞬	눈깜짝할/순간	순	
循	돌/순행할	순	
殉	따라죽을	순	
盾	방패	순	
淳	순박할	순	
舜	순임금	순	
珣	옥그릇	순	
脣	입술	순	(唇)
筍	죽순	순	(笋)
荀	풀이름	순	
襲	엄습할	습	(袭)
濕	젖을	습	(湿)
升	되	승	
昇	오를	승	(升)
僧	중	승	

한자	훈	음	약자	한자	훈	음	약자	한자	훈	음	약자	한자	훈	음	약자
侍	모실	시		躍	뛸	약	(跃)	旺	성할	왕		榆	느릅나무	유	(榆)
柴	섶	시		楊	버들	양	(杨)	歪	비뚤	왜		愈	더욱/나을	유	(愈)
媤	시집	시		孃	아가씨	양	(娘)	倭	왜나라	왜		惟	생각할	유	
尸	주검	시		禦	막을	어	(御)	畏	두려울	외		俞	성	유	(俞)
屍	주검	시	(尸)	御	어거할	어		遙	멀	요	(遥)	尹	다스릴	윤	
弑	죽일	시		抑	누를	억		曜	빛날	요		胤	맏아들	윤	
矢	화살	시		彦	선비	언		耀	빛날	요		鈗	병기	윤	(铳)
飾	꾸밀	식	(饰)	焉	어조사/어찌	언		姚	예쁠	요		閏	윤달	윤	(闰)
湜	맑을	식		予	나/줄	여		妖	요망할	요		潤	윤택할	윤	(润)
殖	번식할	식	(殖)	輿	수레	여	(與)	堯	요임금	요	(尧)	允	진실로	윤	
迅	빠를	신		譯	번역할	역	(译)	夭	일찍죽을	요		融	녹을	융	
愼	삼갈	신	(慎)	疫	염병	역		腰	허리	요		隱	숨을	은	(隐)
晨	새벽	신		淵	못	연	(渊)	搖	흔들	요	(摇)	垠	언덕	은	
娠	아이밸	신		捐	버릴	연		鎔	녹일	용	(镕)	殷	은나라	은	
腎	콩팥	신	(肾)	硯	벼루	연	(砚)	庸	떳떳할	용		淫	음란할	음	
紳	큰띠	신	(绅)	燃	불탈	연		踊	뛸	용		凝	엉길	응	
伸	펼	신		軟	연할	연	(软)	溶	질펀히흐를	용		貳	두	이	(贰)
審	살필	심	(审)	姸	예쁠	연	(姸)	瑢	패옥소리	용		夷	오랑캐	이	
尋	찾을	심	(寻)	燕	제비	연		傭	품팔이	용	(佣)	姨	이모	이	
雙	쌍	쌍	(双)	衍	퍼질	연		佑	도울	우		伊	저	이	
				閱	검열할	열	(阅)	祐	복	우		怡	화할	이	
아				染	물들일	염		寓	붙어살	우		翼	날개	익	
				鹽	소금	염	(盐)	禹	우임금	우		翌	다음날	익	
芽	싹	아		厭	싫을	염	(厌)	偶	짝	우		刃	칼날	인	
牙	어금니	아		燁	빛날	엽	(烨)	煜	불꽃	욱		鎰	스물넉냥	일	(镒)
阿	언덕	아		瑩	귀막이옥	영	(莹)	旭	해뜰	욱		壹	하나	일	
握	잡을	악		影	그림자	영		韻	운	운	(韵)	姙	아이밸	임	
岳	큰산/멧부리	악		詠	읊을	영	(咏)	鬱	답답할	울	(郁)	賃	품팔이/품삯	임	(赁)
雁	기러기	안		譽	기릴	예	(誉)	苑	나라동산	원					
晏	늦을	안		豫	미리	예		媛	미인	원		**자**			
按	살필	안		預	미리	예	(预)	袁	옷/성씨	원					
鞍	안장	안		傲	거만할	오		越	넘을/건널	월		炙	고기구울	자	
斡	돌(돌다)	알		伍	대오	오		韋	가죽	위	(韦)	諮	물을	자	(谘)
謁	뵐	알	(谒)	汚	더러울	오	(污)	僞	거짓	위	(伪)	恣	방자할	자	
癌	암	암		吳	성	오	(吴)	渭	물이름	위		滋	불을	자	
庵	암자	암		梧	오동나무	오		尉	벼슬이름	위		雌	암컷	자	
壓	누를	압	(压)	娛	즐거워할	오	(娱)	蔚	성할	위		茲	이	자	(兹)
押	누를	압		嗚	탄식할/슬플	오	(呜)	緯	씨줄	위	(纬)	磁	자석	자	
殃	재앙	앙		沃	기름질	옥		違	어긋날	위	(违)	紫	자주빛	자	
碍	막을(=礙)	애		鈺	단단한쇠	옥	(钰)	慰	위로할	위		刺	찌를	자	
隘	좁을	애		獄	옥/감옥	옥	(狱)	謂	이를	위	(谓)	疵	흠	자	
厄	재앙	액		翁	늙은이	옹		幽	그윽할	유		酌	따를/잔질할	작	
液	진액	액		擁	안을	옹	(拥)	喩	깨우칠	유	(喻)	爵	벼슬	작	
耶	어조사	야		緩	느릴	완	(缓)	誘	꾈/달랠	유	(诱)	雀	참새	작	
惹	이끌	야		汪	넓을	왕		踰	넘을	유	(踰)	蠶	누에	잠	(蚕)

潛	잠길	잠	(潜)	趙	나라이름	조	(赵)	懲	징계할	징	(懲)	肖	닮을	초	
暫	잠깐	잠	(暫)	釣	낚을	조	(钓)					哨	망볼	초	
藏	감출	장		措	둘	조			**차**			抄	베낄/뽑을	초	
樟	녹나무	장		燥	마를/건조할	조						秒	초/까끄라기	초	
粧	단장할	장	(妆)	曹	마을	조	(曹)	叉	깍지낄	차		楚	초나라	초	
墻	담	장		彫	새길	조	(雕)	遮	막을	차		焦	탈	초	
璋	반쪽홀	장		爪	손톱	조		錯	섞일	착	(错)	蜀	나라이름	촉	
掌	손바닥	장		拙	못날/졸렬할	졸		捉	잡을/포착할	착		觸	닿을/찌를	촉	(触)
臟	오장	장	(脏)	綜	모을	종	(综)	讚	기릴/칭찬할	찬	(赞)	促	재촉할	촉	
葬	장사지낼/장례	장		縱	세로/놓을	종	(纵)	餐	먹을	찬		燭	촛불	촉	(烛)
莊	장엄할/씩씩할	장	(庄)	琮	옥홀	종		燦	빛날	찬	(灿)	叢	모일	총	(丛)
匠	장인	장		佐	도울/보좌할	좌		璨	옥빛	찬		寵	사랑	총	(宠)
蔣	줄	장	(蒋)	珠	구슬	주		刹	절	찰		銃	총	총	(铳)
杖	지팡이	장		駐	머무를	주	(驻)	札	편지	찰		崔	높을	최	
載	실을	재	(载)	洲	물가	주		斬	벨/부끄러울	참	(斩)	催	재촉할	최	
裁	옷마를/재단할	재		鑄	쇠부어만들	주	(铸)	慙	부끄러워할	참	(惭)	趨	달릴	추	(趋)
宰	재상	재		奏	아뢸	주		慘	참혹할/슬플	참	(惨)	抽	뽑을/뺄	추	
箸	젓가락	저		註	주낼	주	(注)	昶	밝을	창		醜	추할/더러울	추	(丑)
寂	고요할	적		週	주일	주	(周)	彰	빛날	창		軸	굴대	축	(轴)
摘	딸/적발할	적		埈	높을	준		滄	큰바다	창	(沧)	畜	기를	축	
滴	물방울	적		峻	높을	준		蒼	푸를	창	(苍)	蓄	모을/쌓을	축	
跡	발자취/자취	적	(迹)	遵	좇을	준		暢	화창할	창	(畅)	縮	줄어질	축	(缩)
蹟	사적	적	(迹)	駿	준마	준	(骏)	蔡	성씨	채	(蔡)	逐	쫓을	축	
迹	자취	적		仲	버금	중		埰	채밭	채		蹴	찰	축	
笛	피리	적		憎	미워할/미울	증		彩	채색	채		沖	깊을	충	(冲)
殿	대궐/큰집	전		贈	줄/증여할	증	(赠)	采	풍채	채		衷	정성	충	
顚	이마	전	(颠)	蒸	찔	증		悽	슬플	처	(凄)	衝	찌를	충	(冲)
折	꺾을	절		脂	기름	지		戚	겨레/친척	척		臭	냄새	취	
竊	훔칠	절	(窃)	遲	더딜/지연할	지	(迟)	斥	물리칠	척		炊	불땔	취	
漸	점차/점점	점	(渐)	旨	뜻	지		隻	외짝	척	(只)	醉	술취할/취할	취	
蝶	나비	접		祉	복	지		遷	옮길	천	(迁)	趣	취미/뜻	취	
艇	거룻배	정		肢	사지	지		薦	천거할/추천할	천	(荐)	惻	슬퍼할	측	(恻)
楨	광나무	정	(桢)	芝	지초	지		撤	거둘	철		雉	꿩	치	
旌	기	정		址	터	지		澈	물맑을	철		侈	사치할	치	
程	길	정		稙	올벼	직	(稙)	喆	밝을	철	(哲)	稚	어릴	치	
鄭	나라이름	정	(郑)	秦	나라이름	진		徹	통할/철저할	철	(彻)	勅	칙서	칙	(敕)
晶	맑을	정		津	나루	진		添	더할/덧붙일	첨		漆	옻칠할	칠	
汀	물가	정		振	떨칠	진		尖	뾰족할	첨		枕	베개	침	
町	밭두둑	정		診	볼(보다)	진	(诊)	諜	염탐할	첩	(谍)	沈	잠길	침	
呈	보일	정		震	진동할/벼락	진		廳	청사/관청	청	(厅)	寢	잠잘	침	(寝)
鼎	솥	정		塵	티끌	진	(尘)	滯	막힐	체	(滞)				
珽	옥홀	정		窒	막을	질		締	맺을	체	(缔)				
偵	정탐할	정	(侦)	疾	병	질		逮	미칠	체			**타**		
穽	함정	정	(阱)	輯	모을	집	(辑)	替	바꿀/대체할	체		墮	떨어질/타락할	타	(堕)
劑	약지을	제	(剂)	徵	부를/징수할	징		遞	번갈아/갈마들	체	(递)	托	맡길/의탁할	탁	

鐸	방울	탁	(铎)
託	부탁할	탁	(托)
琢	쫄	탁	
濁	흐릴	탁	(浊)
誕	낳을/탄생할	탄	(诞)
奪	빼앗을/탈취할	탈	(夺)
眈	노려볼	탐	
貪	탐할/탐낼	탐	(贪)
湯	끓을	탕	(汤)
怠	게으를	태	
兌	바꿀	태	
台	별	태	
胎	아이밸	태	
殆	위태할/거의	태	
颱	태풍	태	(台)
兎	토끼	토	
透	통할/꿰뚫을	투	

파

巴	땅이름	파	
播	뿌릴/씨뿌릴	파	
坡	언덕	파	
頗	자못	파	(颇)
把	잡을	파	
罷	파할	파	(罢)
阪	비탈	판	
霸	으뜸	패	
遍	두루	편	
編	엮을	편	(编)
鞭	채찍	편	
偏	치우칠	편	
扁	현판	편	
坪	들	평	
蔽	덮을/가릴	폐	
幣	폐백	폐	(币)
廢	폐할	폐	(废)
弊	해질/폐단	폐	
砲	대포	포	(炮)
抛	던질	포	
怖	두려울	포	
哺	먹일	포	
飽	배부를/포식할	포	(饱)
鋪	펼	포	(铺)
葡	포도	포	

幅	폭/너비	폭	
漂	뜰/빨래	표	
杓	자루	표	
豹	표범	표	
標	표할	표	(标)
楓	단풍나무	풍	(枫)
弼	도울	필	
畢	마칠	필	(毕)
泌	스며흐를	필	
乏	다할	핍	

하

荷	연꽃/멜	하	
瑕	티	하	
虐	사나울	학	
鶴	학/두루미	학	(鹤)
旱	가물	한	
翰	글	한	
汗	땀	한	
轄	다스릴	할	(辖)
割	벨	할	
含	머금을	함	
陷	빠질	함	
艦	싸움배	함	(舰)
函	함	함	
巷	거리	항	
亢	목	항	
該	그/해당할	해	(该)
奚	어찌	해	
核	씨	핵	
杏	은행	행	
獻	드릴/바칠	헌	(献)
軒	처마/집	헌	(轩)
赫	붉을	혁	
玄	검을/가물거릴	현	
峴	고개	현	(岘)
縣	고을	현	(县)
顯	나타날	현	(显)
懸	매달/달	현	(悬)
炫	빛날	현	
鉉	솥귀	현	(铉)
弦	활시위	현	
穴	구멍	혈	
嫌	싫어할	혐	

峽	골짜기	협	(峡)
脅	위협할/갈비	협	(胁)
狹	좁을	협	(狭)
螢	반딧불	형	(萤)
炯	빛날	형	
邢	성	형	
衡	저울	형	
型	틀	형	
兮	어조사	혜	
慧	지혜	혜	
毫	가는털/터럭	호	
浩	넓을	호	
晧	밝을	호	
護	보호할/지킬	호	(护)
祜	복	호	
互	서로	호	
胡	오랑캐	호	
昊	하늘	호	
壕	해자	호	
豪	호걸	호	
鎬	호경	호	(镐)
皓	흴	호	
酷	독할	혹	
惑	미혹할	혹	
魂	넋	혼	
忽	갑자기/홀연	홀	
洪	넓을	홍	
鴻	큰기러기	홍	(鸿)
靴	가죽신	화	
禾	벼	화	
禍	재앙	화	(祸)
穫	거둘	확	(获)
擴	넓힐	확	(扩)
桓	굳셀	환	
還	돌아올	환	(还)
換	바꿀	환	(换)
煥	빛날	환	(焕)
幻	허깨비	환	
滑	미끄러울	활	
荒	거칠	황	
晃	밝을	황	
凰	봉황새	황	
況	하물며/상황	황	(况)
賄	뇌물	회	(贿)
廻	돌아올	회	(回)

淮	물이름	회	
灰	재	회	
懷	품을	회	(怀)
獲	사로잡을	획	(获)
橫	가로/비낄	횡	
曉	새벽	효	(晓)
喉	목구멍	후	
后	왕후	후	
侯	제후/임금	후	
勳	공	훈	(勋)
熏	연기낄	훈	
薰	향풀	훈	
毀	헐/훼손할	훼	
輝	빛날	휘	(辉)
攜	끌/휴대할	휴	
烋	아름다울	휴	
痕	흉터	흔	
欽	공경할	흠	(钦)
欠	하품	흠	
稀	드물	희	
禧	복	희	
熙	빛날	희	
姬	아가씨	희	
嬉	즐길	희	
噫	탄식할	희	
戲	희롱할	희	(戏)
犧	희생	희	(牺)

선 정 한 자 (8급~3급)

8 급

한자	훈	음
九	아홉	구
口	입	구
女	계집	녀
六	여섯	륙
母	어머니	모
木	나무	목
門	문	문 (门)
白	흰	백
父	아버지	부
四	넉	사
山	메/산	산
三	석	삼
上	위	상
小	작을	소
水	물	수
十	열	십
五	다섯	오
王	임금	왕
月	달	월
二	두	이
人	사람	인
日	날	일
一	한	일
子	아들	자
中	가운데	중
七	일곱	칠
土	흙	토
八	여덟	팔
下	아래	하
火	불	화

7 급

한자	훈	음
江	강	강
工	장인	공
金	쇠	금

한자	훈	음
男	사내	남
力	힘	력
立	설	립
目	눈	목
百	일백	백
生	날	생
石	돌	석
手	손	수
心	마음	심
入	들(들어가다)	입
自	스스로	자
足	발	족
川	내/냇물	천
千	일천	천
天	하늘	천
出	날	출
兄	맏	형

6 급

한자	훈	음
南	남녘	남
內	안	내
年	해	년
東	동녘	동 (东)
同	한가지	동
名	이름	명
文	글월	문
方	모/방법	방
夫	지아비/남편	부
北	북녘	북
西	서녘	서
夕	저녁	석
少	적을/젊을	소
外	바깥	외
正	바를	정
弟	아우	제
主	주인	주
靑	푸를	청

한자	훈	음
寸	마디	촌
向	향할	향

준 5 급

한자	훈	음
歌	노래	가
家	집	가
間	사이	간 (间)
車	수레	거 (车)
巾	수건	건
古	예	고
空	빌	공
教	가르칠	교 (教)
校	학교	교
國	나라	국 (国)
軍	군사	군 (军)
今	이제	금
記	기록할	기 (记)
氣	기운	기 (气)
己	몸	기
農	농사	농 (农)
答	대답	답
代	대신할	대
大	큰	대
道	길	도
洞	골	동
登	오를	등
來	올	래 (来)
老	늙을	로
里	마을	리
林	수풀	림
馬	말	마 (马)
萬	일만	만 (万)
末	끝	말
每	매양	매
面	낯	면
問	물을	문 (问)
物	물건	물

한자	훈	음
民	백성	민
本	근본	본
分	나눌	분
不	아니	불
食	밥	사
士	선비	사
事	일	사
色	빛	색
先	먼저	선
姓	성씨	성
世	세상/인간	세
所	바	소
時	때	시 (时)
市	저자	시
植	심을	식 (植)
室	집	실
安	편안할	안
羊	양	양
語	말씀	어 (语)
午	낮	오
玉	구슬	옥
牛	소	우
右	오른	우
位	자리	위
有	있을	유
育	기를	육
邑	고을	읍
衣	옷	의
耳	귀	이
字	글자	자
長	긴/어른	장 (长)
場	마당	장 (场)
電	번개	전 (电)
前	앞	전
全	온전할/온전	전
祖	할아버지	조
左	왼/왼쪽	좌

住	살/머무를	주	
地	땅	지	
草	풀	초	
平	평평할	평	
學	배울	학	(学)
韓	나라이름	한	(韩)
漢	한수/한강	한	(汉)
合	합할	합	
海	바다	해	
孝	효도	효	
休	쉴	휴	

5 급

各	각각/제각기	각	
感	느낄	감	
強	강할	강	
開	열	개	(开)
去	갈	거	
犬	개	견	
見	볼	견	(见)
京	서울	경	
計	셀	계	(计)
界	지경	계	(界)
苦	괴로울/쓸	고	
高	높을	고	
功	공	공	
共	함께	공	
科	과목	과	
果	과실/열매	과	
光	빛	광	
交	사귈	교	
郡	고을	군	
近	가까울	근	
根	뿌리	근	
急	급할	급	
多	많을	다	
短	짧을	단	
當	마땅할	당	(当)
堂	집	당	
對	대답할	대	(对)
圖	그림	도	(图)
度	법도	도	

刀	칼	도	
讀	읽을	독	(读)
冬	겨울	동	
童	아이	동	
頭	머리	두	(头)
等	무리	등	
樂	즐거울	락	(乐)
禮	예도	례	(礼)
路	길	로	
綠	푸를	록	(绿)
理	다스릴	리	
李	오얏	리	
利	이로울	리	
命	목숨	명	
明	밝을	명	
毛	털	모	
無	없을	무	(无)
聞	들을	문	(闻)
米	쌀	미	
美	아름다울	미	
朴	순박할	박	
反	돌이킬	반	
半	절반/반	반	
發	필/출발할	발	(发)
放	놓을	방	
番	차례	번	
別	다를	별	
病	병/병들	병	
步	걸음	보	
服	옷/의복	복	
部	거느릴/부분	부	
死	죽을	사	
書	글	서	(书)
席	자리	석	
線	줄	선	(线)
省	살필	성	
性	성품	성	
成	이룰	성	
消	사라질/지울	소	
速	빠를	속	
孫	손자	손	(孙)
樹	나무	수	(树)
首	머리/우두머리	수	

習	익힐	습	(习)
勝	이길	승	(胜)
詩	글	시	(诗)
示	보일	시	
始	처음	시	
式	법	식	
神	귀신	신	
身	몸	신	
信	믿을	신	
新	새로울	신	
失	잃을	실	
愛	사랑	애	(爱)
野	들	야	
夜	밤	야	
藥	약	약	(药)
弱	약할	약	
陽	볕	양	(阳)
洋	큰바다	양	
魚	물고기	어	(鱼)
言	말씀	언	
業	일	업	(业)
永	길(길다)	영	
英	꽃부리	영	
勇	날쌜	용	
用	쓸(쓰다)	용	
友	벗	우	
運	움직일/운전	운	(运)
遠	멀	원	(远)
原	언덕	원	
元	으뜸	원	
油	기름	유	
肉	고기	육	
銀	은	은	(银)
飮	마실	음	(饮)
音	소리	음	
意	뜻	의	
者	놈/사람	자	(者)
昨	어제	작	
作	지을	작	
章	글/글월	장	
在	있을	재	
才	재주	재	
田	밭	전	

題	제목/글	제	(题)
第	차례	제	
朝	아침	조	
族	겨레	족	
晝	낮	주	(昼)
竹	대/대나무	죽	
重	무거울	중	
直	곧을	직	(直)
窓	창문	창	(窗)
淸	맑을	청	
體	몸	체	(体)
村	마을	촌	
秋	가을	추	
春	봄	춘	
親	친할	친	(亲)
太	클/콩	태	
通	통할	통	
貝	조개	패	(贝)
便	편할	편	
表	겉	표	
品	물건/성품	품	
風	바람	풍	(风)
夏	여름	하	
行	다닐	행	
幸	다행	행	
血	피	혈	
形	모양/형상	형	
號	이름/성	호	(号)
花	꽃	화	
話	말씀	화	(话)
和	화할	화	
活	살	활	
黃	누를	황	
會	모일/모을	회	(会)
後	뒤	후	

준 4 급

價	값	가	(价)
加	더할	가	
可	옳을	가	
角	뿔	각	
甘	달	감	

漢字	訓	音	약자	漢字	訓	音	약자	漢字	訓	音	약자	漢字	訓	音	약자
改	고칠	개		領	옷깃	령	(领)	誠	정성	성	(诚)	財	재물	재	(财)
個	낱개	개	(个)	令	하여금	령	(令)	洗	씻을	세		爭	다툴	쟁	(争)
客	손님	객		例	법식/본보기	례		歲	해	세	(岁)	低	낮을	저	
決	결단할	결	(决)	勞	수고로울	로	(劳)	送	보낼	송		貯	쌓을/저축할	저	(贮)
結	맺을	결	(结)	料	헤아릴	료		數	셈	수	(数)	的	과녁/표적	적	
輕	가벼울	경	(轻)	流	흐를	류		守	지킬	수		赤	붉을	적	
敬	공경할	경		亡	망할	망		宿	잠잘	숙		典	법	전	
季	철	계		望	바랄	망		順	순할	순	(顺)	戰	싸움	전	(战)
固	굳을/진실로	고		買	살	매	(买)	視	볼(보다)	시	(视)	傳	전할	전	(传)
考	상고할	고		妹	아랫누이	매		試	시험	시	(试)	展	펼	전	
告	알릴/고할	고		賣	팔	매	(卖)	識	알(알다)	식	(识)	店	가게	점	
曲	굽을(柚)	곡		武	굳셀/군사	무		臣	신하	신		庭	뜰	정	
公	공변될	공		味	맛	미		實	열매	실	(实)	情	뜻	정	
課	매길	과	(课)	未	아닐	미		氏	성씨	씨		定	정할	정	
過	지날	과	(过)	法	법	법		兒	아이	아	(儿)	調	고를	조	(调)
關	관계할/빗장	관	(关)	兵	군사	병		惡	악할/모질	악	(恶)	助	도울	조	
觀	볼	관	(观)	報	갚을/알릴	보	(报)	案	책상	안		鳥	새	조	(鸟)
廣	넓을	광	(广)	福	복	복		暗	어두울	암		早	이를/일찍	조	
橋	다리	교	(桥)	奉	받들	봉		約	맺을/언약	약	(约)	存	있을	존	
求	구할	구		富	부자	부		養	기를	양	(养)	卒	군사/마칠	졸	
君	임금	군		備	갖출	비	(备)	漁	고기잡을	어	(渔)	終	마칠	종	(终)
貴	귀할	귀	(贵)	比	견줄	비		億	억	억	(亿)	種	씨	종	(种)
極	다할	극	(极)	貧	가난할	빈	(贫)	如	같을	여		罪	허물	죄	
給	줄/주다	급		氷	얼음	빙		餘	남을	여	(馀)	注	물댈/부을	주	
期	기약할	기		仕	벼슬할	사		然	그럴	연		止	그칠	지	
技	재주	기		思	생각	사		熱	더울	열	(热)	志	뜻	지	
基	터	기		師	스승	사	(师)	葉	잎	엽	(叶)	知	알	지	
吉	길할	길		史	역사	사		屋	집	옥		至	이를	지	
念	생각	념		使	하여금/시킬	사		溫	따뜻할	온	(温)	紙	종이	지	(纸)
能	능할	능		産	낳을	산	(产)	完	완전할	완		支	지탱할/견딜	지	
談	말씀	담	(谈)	算	셈/계산할	산		要	구할/중요	요		進	나아갈	진	(进)
待	기다릴	대		賞	상줄	상	(赏)	雨	비	우		眞	참	진	(真)
德	덕	덕		相	서로	상		雲	구름	운	(云)	質	바탕	질	(质)
都	도읍	도	(都)	商	장사	상		園	동산	원	(园)	集	모일	집	
島	섬	도	(岛)	常	항상	상		願	원할	원	(愿)	次	버금/다음	차	
到	이를	도		序	차례	서		由	말미암을	유		參	참여할	참	(参)
動	움직일	동	(动)	船	배	선		義	옳을	의	(义)	責	꾸짖을/책임	책	(责)
落	떨어질	락		仙	신선	선		醫	의원	의	(医)	鐵	쇠	철	(铁)
冷	찰	랭		善	착할	선		以	써	이		初	처음	초	
兩	두	량	(两)	雪	눈	설		因	인할	인		祝	빌	축	
良	어질	량		說	말씀	설	(说)	姉	맏누이/누이	자		充	채울	충	
量	헤아릴/수량	량		星	별	성		再	두/다시	재		忠	충성	충	
歷	지닐	력	(历)	城	재	성		材	재목	재		致	이를	치	

他	다를	타	
打	칠(치다)	타	
宅	집	택	
統	거느릴	통	(统)
特	특별할	특	
敗	패할	패	(败)
必	반드시	필	
河	물/강	하	
寒	찰	한	
害	해칠/해할	해	
香	향기	향	
許	허락할	허	(许)
現	나타날/보일	현	(现)
好	좋을	호	
湖	호수	호	
畫	그림	화	(画)
化	될	화	
患	근심	환	
回	돌/돌아올	회	
效	본받을	효	
訓	가르칠	훈	(训)
凶	흉할/흉년	흉	
黑	검을	흑	

4 급

街	거리	가	
假	거짓	가	
佳	아름다울	가	
干	방패	간	
看	볼/쳐다볼	간	
減	덜/덜어낼	감	(减)
甲	껍질	갑	
更	다시	갱	(更)
擧	들	거	(举)
巨	클	거	
建	세울	건	
乾	하늘	건	
慶	경사	경	(庆)
競	다툴	경	(竞)
耕	밭갈	경	
景	볕	경	
經	지날/글/날줄	경	(经)

庚	천간	경	
溪	시내	계	
癸	천간	계	
故	연고/까닭	고	
谷	골	곡	
骨	뼈	골	
官	벼슬	관	
救	구원할	구	
究	궁구할/연구할	구	
句	글귀	구	
舊	옛	구	(旧)
久	오랠	구	
弓	활	궁	
權	권세	권	(权)
均	고를	균	
禁	금할	금	
及	미칠/이를	급	
其	그	기	
起	일어날	기	
乃	이에	내	
怒	성낼	노	
端	바를/끝	단	
丹	붉을	단	
單	홑	단	(单)
達	통달할	달	(达)
徒	무리	도	
獨	홀로	독	(独)
斗	말	두	
得	얻을	득	
燈	등잔	등	(灯)
旅	나그네	려	
連	이을	련	(连)
練	익힐	련	(练)
烈	뜨거울	렬	
列	벌릴	렬	
論	논할/의논	론	(论)
陸	뭍/육지	륙	(陆)
倫	인륜	륜	(伦)
律	법	률	
滿	찰(차다)	만	(满)
忘	잊을	망	
妙	묘할	묘	
卯	토끼	묘	

務	힘쓸	무	(务)
尾	꼬리	미	
密	빽빽할	밀	
飯	밥	반	(饭)
防	막을	방	
房	방	방	
訪	찾을	방	(访)
拜	절	배	
伐	칠/징벌할	벌	
變	변할	변	(变)
丙	남녘	병	
保	지킬/보전	보	
復	돌아올	복	(复)
否	아닐	부	
婦	지어미/며느리	부	(妇)
佛	부처	불	
悲	슬플	비	
非	아닐	비	
鼻	코	비	
巳	뱀	사	
謝	사례할	사	(谢)
私	사사로울	사	
絲	실	사	(丝)
寺	절	사	
舍	집	사	
散	흩어질	산	
想	생각	상	
選	가릴	선	(选)
鮮	고울	선	(鲜)
舌	혀	설	
聖	성스러울/성인	성	(圣)
盛	성할	성	
聲	소리	성	(声)
細	가늘	세	(细)
勢	권세	세	(势)
稅	세금	세	
笑	웃음	소	
續	이을	속	(续)
俗	풍속	속	
松	소나무/솔	송	
收	거둘	수	
修	닦을	수	
受	받을	수	

授	줄(주다)	수	
純	순수할	순	(纯)
戌	개	술	
拾	주울	습	
承	이을	승	
是	옳을	시	
申	납	신	
辛	매울	신	
眼	눈	안	
若	같을/만약	약	
與	더불	여	(与)
逆	거스를	역	
研	갈	연	(研)
榮	영화	영	(荣)
藝	재주	예	(艺)
誤	그릇될	오	(误)
往	갈(가다)	왕	
浴	목욕할	욕	
容	얼굴	용	
遇	만날	우	
雄	수컷	웅	
危	위태할	위	
偉	클/거룩할	위	(伟)
爲	할	위	(为)
遺	남길	유	(遗)
酉	닭	유	
恩	은혜	은	
乙	새	을	
陰	그늘	음	(阴)
應	응할	응	(应)
依	의지할	의	
異	다를	이	(异)
移	옮길	이	
益	더할	익	
引	끌	인	
印	도장	인	
寅	범	인	
認	알	인	(认)
壬	천가/북방	임	
將	장수/장차	장	(将)
適	맞을/마침	적	(适)
敵	원수/대적할	적	(敌)
節	마디	절	(節)

接	이을/접할	접		限	한정/막을	한		具	갖출	구		忙	바쁠	망	
停	머무를	정		解	풀	해		球	공	구		麥	보리	맥	(麦)
井	우물	정		鄕	시골	향	(乡)	區	나눌	구	(区)	免	면할	면	
精	정기/정밀할	정		協	도울/협동	협	(协)	局	판	국		眠	잠잘	면	
政	정사	정		惠	은혜	혜		群	무리	군		勉	힘쓸	면	
除	덜/제할	제		呼	부를	호		窮	다할/구할	궁	(穷)	鳴	울	명	(鸣)
祭	제사	제		戶	지게문/집	호		宮	집	궁	(宫)	暮	저물	모	
製	지을	제	(制)	婚	혼인할	혼		勸	권할	권	(劝)	牧	칠/기를	목	
兆	조	조		貨	재화	화	(货)	卷	책	권		墓	무덤	묘	
造	지을	조		興	일어날/일	흥	(兴)	歸	돌아갈	귀	(归)	茂	무성할	무	
尊	높을	존		希	바랄	희		規	법	규	(规)	戊	천간/별	무	
坐	앉을	좌						勤	부지런할	근		舞	춤출	무	
走	달릴/달아날	주		**준 3급**				級	등급	급	(级)	墨	먹	묵	
朱	붉을	주						器	그릇	기		勿	말/금지할	물	
衆	무리	중	(众)	脚	다리	각		旗	기/깃발	기		班	나눌/반열	반	
增	더할/불어날	증		渴	목마를	갈		幾	몇	기	(几)	倍	갑절/곱	배	
持	가질	지		敢	감히/구태여	감		旣	이미	기	(既)	背	등	배	
指	손가락/가리킬	지		監	볼	감	(监)	暖	따뜻할	난		杯	잔	배	
辰	별/용	진		鋼	강철	강	(钢)	難	어려울	난	(难)	配	짝	배	
着	붙을/닿을	착		降	내릴	강		納	드릴	납	(纳)	罰	벌할/벌줄	벌	(罚)
察	살필	찰		康	편한할/논할	강		努	힘쓸	노		凡	무릇/평범할	범	
唱	부를	창		皆	다	개		斷	끊을	단	(断)	犯	범할	범	
冊	책	책		居	살	거		但	다만	단		寶	보배	보	(宝)
處	곳	처	(处)	健	건강할	건		團	둥글,모일	단	(团)	伏	엎드릴	복	
聽	들을	청	(听)	件	사건/물건	건		壇	제단	단	(坛)	逢	만날/상봉할	봉	
請	청할	청	(请)	檢	검사할	검	(检)	段	층계/조각	단		扶	도울/붙들	부	
最	가장	최		儉	검소할	검	(俭)	隊	무리/떼	대	(队)	浮	뜰	부	
蟲	벌레	충	(虫)	格	격식	격		導	인도할	도	(导)	副	버금/다음	부	
取	가질	취		堅	굳을	견	(坚)	豆	콩	두		朋	벗	붕	
治	다스릴	치		潔	깨끗할	결	(洁)	羅	벌릴/벌일	라	(罗)	飛	날	비	(飞)
齒	이/치아	치	(齒)	鏡	거울	경	(镜)	卵	알	란		祕	숨길/감출	비	(秘)
則	법칙	칙	(则)	警	경계할	경		覽	볼	람	(览)	費	쓸/허비할	비	(费)
針	바늘	침	(针)	驚	놀랄	경	(惊)	浪	물결	랑		社	모일	사	
快	쾌할	쾌		境	지경	경		郞	사내	랑		寫	베낄/쓸	사	(写)
脫	벗을/탈출	탈		戒	경계할	계		略	간략할	략		射	쏠	사	
探	찾을/더듬을	탐		鷄	닭	계	(鸡)	涼	서늘할	량	(凉)	査	조사할/살필	사	(查)
退	물러날	퇴		階	섬돌	계	(阶)	露	이슬	로		殺	죽일	살	(杀)
波	물결	파		繼	이을	계	(继)	錄	기록할	록	(录)	狀	모양	상	(状)
判	판단할/쪼갤	판		庫	곳집	고	(库)	留	머무를	류		傷	상할/다칠	상	(伤)
片	조각	편	(片)	孤	외로울	고		類	무리/같을	류	(类)	霜	서리	상	
布	베/펼	포		穀	곡식	곡		柳	버들	류		尙	오히려	상	
暴	사나울	포	(暴)	困	곤할/괴로울	곤		莫	없을	막		喪	초상	상	(丧)
筆	붓	필	(笔)	坤	땅	곤		晩	늦을	만		象	코끼리	상	

한자	뜻	음	이체자
床	평상/책상	상	
暑	더울	서	(暑)
惜	아낄	석	
昔	옛	석	
設	베풀	설	(设)
掃	쓸	소	(扫)
素	흴/본디	소	
束	묶을	속	
損	덜	손	(损)
愁	근심/시름	수	
誰	누구	수	(谁)
須	모름지기	수	(须)
壽	목숨	수	(寿)
雖	비록	수	(虽)
秀	빼어날/뛰어날	수	
淑	맑을	숙	
叔	아재비	숙	
術	재주/꾀	술	(术)
崇	높일	숭	
乘	탈(타다)	승	
施	베풀	시	
息	숨쉴	식	
深	깊을	심	
甚	심할	심	
我	나/우리	아	
顔	얼굴	안	(颜)
巖	바위	암	(岩)
央	가운데/중앙	앙	
仰	우러를	앙	
哀	슬플	애	
也	어조사	야	
揚	날릴/떨칠	양	(扬)
讓	사양할	양	(让)
於	어조사	어	
憶	생각할	억	(忆)
嚴	엄할	엄	(严)
余	나/나머지	여	
汝	너	여	
亦	또	역	
域	지경	역	
煙	연기	연	(烟)
悅	기쁠	열	
炎	불꽃	염	
營	경영할	영	(营)
迎	맞이할	영	
烏	까마귀	오	(乌)
悟	깨달을	오	
吾	나	오	
瓦	기와	와	
臥	누울	와	(卧)
曰	가로	왈	
謠	노래	요	(谣)
欲	하고자할	욕	
憂	근심	우	(忧)
尤	더욱	우	
又	또	우	
于	어조사	우	
宇	집/우주	우	
云	이를	운	
源	근원	원	
圓	둥글	원	(圆)
怨	원망할	원	
員	인원/관원	원	(员)
院	집	원	
威	위엄	위	
猶	같을	유	(犹)
遊	놀(놀다)	유	
柔	부드러울	유	
儒	선비	유	
幼	어릴	유	
唯	오직	유	
乳	젖	유	
吟	읊을	음	
泣	울	읍	
矣	어조사	의	
議	의논할	의	(议)
而	말이을	이	
易	쉬울	이	
已	이미	이	
仁	어질	인	
忍	참을	인	
任	맡길	임	
慈	사랑	자	
壯	씩씩할/장할	장	(壮)
腸	창자	장	(肠)
栽	심을/재배할	재	
哉	어조사/이끼	재	
災	재앙	재	(灾)
著	나타날	저	
積	쌓을	적	(积)
轉	구를	전	(转)
錢	돈	전	(钱)
專	오로지	전	(专)
切	끊을/간절할	절	
絶	끊을/자를	절	(绝)
點	점	점	(点)
靜	고요할/고요	정	(静)
貞	곧을	정	(贞)
淨	깨끗할	정	(净)
丁	장정	정	
頂	정수리	정	(顶)
制	마를/법도	제	
諸	모든	제	(诸)
際	사이/즈음/때	제	(际)
帝	임금/황제	제	
操	잡을	조	
宗	마루	종	
鐘	쇠북	종	(钟)
從	좇을	종	(从)
州	고을	주	
酒	술	주	
宙	집	주	
準	법도/표준	준	(准)
卽	곧	즉	(即)
曾	일찍	증	
證	증거/증명할	증	(证)
枝	가지	지	
之	갈/어조사	지	
只	다만	지	
智	지혜	지	
職	벼슬/직분	직	(职)
盡	다할	진	(尽)
執	잡을	집	(执)
且	또	차	
借	빌릴	차	
此	이	차	
創	비롯할/비로소	창	(创)
昌	창성할	창	
菜	나물	채	
採	캘	채	(采)
妻	아내	처	
尺	자	척	
泉	샘	천	
淺	얕을	천	(浅)
晴	갤/날갤	청	
招	부를	초	
總	거느릴/다	총	(总)
推	밀	추	
追	쫓을/따를	추	
丑	소	축	
就	나아갈	취	
吹	불	취	
層	층	층	(层)
卓	높을	탁	
炭	숯	탄	
泰	클	태	
討	칠/토의할	토	(讨)
痛	아플	통	
投	던질	투	
破	깨뜨릴/깰	파	
板	널빤지/널	판	
篇	책	편	
閉	닫을	폐	(闭)
包	쌀	포	
抱	안을	포	
票	표/투표	표	
豐	풍년	풍	(丰)
皮	가죽	피	
彼	저	피	
疲	피곤할/가쁠	피	
匹	짝	필	
何	어찌	하	
賀	하례할	하	(贺)
閑	한가할/문지방	한	(闲)
恨	한할/슬플	한	
恒	항상	항	
亥	돼지	해	
虛	빌	허	(虚)
驗	시험/증명할	험	(验)
革	가죽	혁	
賢	어질	현	(贤)
刑	형벌	형	

한자	훈	음	약자
虎	범	호	
乎	어조사/온	호	
或	혹	혹	
混	섞을	혼	
紅	붉을	홍	(红)
華	빛날	화	(华)
歡	기쁠	환	(欢)
皇	임금	황	
候	기후/기다릴	후	
厚	두터울	후	
胸	가슴	흉	
吸	숨들이쉴/마실	흡	
喜	기쁠	희	

3 급

한자	훈	음	약자
暇	겨를/틈	가	
架	시렁	가	
覺	깨달을	각	(觉)
刻	새길	각	
姦	간사할	간	(奸)
刊	책펴낼/간행할	간	
講	익힐	강	(讲)
介	낄,끼일	개	
距	떨어질	거	
拒	막을	거	
傑	뛰어날	걸	
劍	칼	검	(剑)
激	부딪칠/격할	격	
缺	이지러질/빠질	결	
兼	겸할/아우를	겸	
硬	굳을	경	
傾	기울	경	(倾)
械	기계/틀	계	
係	맬	계	(系)
契	맺을/계약	계	
系	이어맬/계통	계	
姑	시어미	고	
稿	원고/볏집	고	
恭	공손	공	
孔	구멍	공	
貢	바칠	공	(贡)
供	이바지할/바칠	공	
攻	칠	공	
冠	갓	관	
貫	꿸	관	(贯)
管	대롱/주관할	관	
慣	버릇/익숙할	관	(惯)
較	견줄/비교할	교	(较)
構	얽을	구	(构)
苟	진실로	구	
券	문서	권	
拳	주먹	권	
菌	버섯	균	
克	이길	극	
斤	도끼	근	
謹	삼갈	근	(谨)
畿	경기	기	
奇	기이할	기	
企	꾀할/바랄	기	
機	베틀	기	(机)
紀	벼리	기	(纪)
寄	부칠/기여할	기	
祈	빌	기	
欺	속일	기	
娘	아가씨	낭	
耐	견딜	내	(耐)
奴	종	노	
腦	뇌	뇌	(脑)
茶	차	다	
淡	맑을	담	
擔	멜	담	(担)
畓	논	답	
黨	무리	당	(党)
帶	띠	대	(带)
貸	빌릴	대	(贷)
倒	넘어질	도	
逃	달아날	도	
盜	도둑	도	(盗)
督	감독할/살필	독	
毒	독	독	
豚	돼지	돈	
突	갑자기,부딪힐	돌	
銅	구리	동	(铜)
亂	어지러울	란	(乱)
糧	양식	량	(粮)
慮	생각	려	(虑)
戀	사모할	련	(恋)
蓮	연꽃	련	(莲)
聯	잇닿을	련	(联)
嶺	고개	령	(岭)
鹿	사슴	록	
了	마칠	료	
龍	용	룡	(龙)
輪	바퀴	륜	(轮)
栗	밤	률	
離	떠날	리	(离)
履	밟을/신	리	
梨	배	리	
吏	아전/관리	리	
臨	임할/다다를	림	(临)
麻	삼	마	
妄	망령될	망	
梅	매화	매	
孟	맏	맹	
盟	맹세	맹	
盲	소경/눈멀	맹	
銘	새길	명	(铭)
募	모을/뽑을	모	
模	법/모범/본뜰	모	
慕	사모할	모	
某	아무	모	
睦	화목할	목	
貿	무역할/살	무	(贸)
敏	재빠를	민	
博	넓을	박	
薄	얇을	박	
返	돌아올	반	
般	일반,돌	반	
髮	터럭	발	(发)
芳	꽃다울/향기	방	
邦	나라이름	방	
妨	방해할	방	
輩	무리	배	(辈)
繁	번성할/성할	번	
範	법/모범	범	(范)
壁	벽	벽	
邊	가	변	(边)
辯	말잘할/말씀	변	(辩)
補	기울/보충	보	(补)
普	넓을/널리	보	
譜	족보/적을	보	(谱)
複	겹칠/거듭	복	(复)
腹	배	복	
卜	점	복	
峯	봉우리	봉	(峰)
府	관청	부	
付	부칠	부	
負	질/짐질	부	(负)
粉	가루	분	
奔	달릴/달아날	분	
紛	어지러울	분	(纷)
拂	떨/떨칠	불	
批	비평할/깎을	비	
肥	살찔	비	
司	맡을	사	
捨	버릴	사	(舍)
詐	속일	사	(诈)
斯	이	사	
祀	제사	사	
償	갚을	상	(偿)
祥	상서로울	상	
像	형상/모양	상	
索	찾을	색	
署	관청	서	(署)
庶	여러	서	
恕	용서할	서	
宣	베풀	선	
涉	건널	섭	
蔬	나물/채소	소	
頌	기릴/칭송할	송	(颂)
訟	송사할	송	(讼)
刷	인쇄할	쇄	
囚	가둘	수	
輸	보낼/굴릴	수	(输)
熟	익을	숙	
巡	순행할	순	
旬	열흘	순	
述	지을/베풀	술	(述)
雅	바를/맑을	아	
亞	버금/다음	아	(亚)
餓	주릴	아	(饿)

한자	뜻	음	약자	한자	뜻	음	약자	한자	뜻	음	약자	한자	뜻	음	약자
岸	언덕	안		丈	어른	장		策	꾀	책	(策)	港	항구	항	
涯	물가	애		帳	휘장/장막	장	(帐)	拓	넓힐/개척할	척		享	누릴	향	
額	이마	액	(額)	抵	거스를/막을	저		踐	밟을	천	(践)	響	소리/울릴	향	(响)
樣	모양	양	(様)	底	밑	저		賤	천할	천	(贱)	憲	법	헌	(宪)
壤	흙	양		績	길쌈	적	(绩)	哲	밝을	철		險	험할	험	(险)
役	부릴	역		賊	도둑	적	(贼)	妾	첩	첩		絃	줄	현	(弦)
驛	역마	역	(驿)	籍	문서	적		超	넘을/뛰어넘을	초		亨	형통할	형	
延	끌/뻗칠	연		占	점칠/점령할	점		礎	주춧돌	초	(础)	昏	저물/어두울	혼	
鉛	납	연	(铅)	整	가지런할	정		聰	귀밝을/총명할	총	(聪)	弘	클	홍	
沿	물따라내려갈	연		訂	바로잡을/고칠	정	(订)	築	쌓을	축	(筑)	確	굳을	확	(确)
緣	인연	연	(缘)	亭	정자	정		側	곁	측	(侧)	環	고리/두를	환	(环)
宴	잔치	연		廷	조정	정		測	헤아릴/측량할	측	(測)	丸	알/둥글	환	
演	펼/넓을	연		征	칠(치다)	정		値	값/만날	치	(值)	悔	뉘우칠	회	
映	비칠	영		齊	가지런할	제	(齐)	置	둘	치	(置)	劃	그을	획	(划)
泳	헤엄칠	영		濟	건널	제	(济)	恥	부끄러울	치	(耻)	揮	휘두를/지휘할	휘	(挥)
銳	날카로울	예	(锐)	提	끌/제안할/들	제		浸	적실/젖을	침					
辱	욕될	욕		堤	둑	제		侵	침노할	침					
慾	욕심	욕	(欲)	照	비칠/비출	조		稱	일컬을	칭	(称)				
羽	깃	우		條	조목/가지	조	(条)	妥	평온할/당할	타					
優	넉넉할/뛰어날	우	(优)	弔	조상할	조	(吊)	濯	씻을/세탁할	탁					
愚	어리석을	우		租	조세	조		歎	탄식할	탄	(叹)				
郵	우편	우	(邮)	潮	조수/밀물	조		彈	탄알/탄환	탄	(弹)				
援	구원할/도울	원		組	짤/조직	조	(组)	塔	탑	탑					
圍	둘레/에울	위	(围)	座	자리	좌		態	모양/태도	태	(态)				
委	맡길	위		株	그루	주		擇	가릴	택	(择)				
胃	밥통	위		柱	기둥	주		澤	못	택	(泽)				
衛	지킬/호위할	위	(卫)	周	두루	주		吐	토할	토					
裕	넉넉할	유		舟	배	주		鬪	싸울	투	(斗)				
悠	멀	유		俊	준걸/뛰어날	준		派	물갈래	파					
維	벼리/얽을	유	(维)	症	증세	증		版	판목/조각	판					
儀	거동	의	(仪)	誌	기록할/기록	지	(志)	販	팔/판매할	판	(贩)				
宜	마땅	의		池	못	지		評	평론할/평할	평	(评)				
疑	의심	의		織	짤	직	(织)	肺	허파	폐					
姻	혼인할	인		陳	늘어놓을/베풀	진	(陈)	浦	물가/나루	포					
逸	편안	일		珍	보배	진		捕	잡을	포					
姿	맵시/모양	자		鎭	진압할/진정할	진	(镇)	胞	태보/세포	포					
資	재물/자본	자	(资)	陣	진칠	진	(阵)	爆	터질/폭발할	폭					
殘	남을/잔인할	잔	(残)	姪	조카	질	(侄)	被	입을	피					
雜	섞일	잡	(杂)	秩	차례	질		避	피할	피					
奬	권면할/장려할	장		差	어긋날	차		咸	다	함					
裝	꾸밀/장식할	장	(装)	贊	도울	찬	(赞)	抗	겨룰/항거할	항					
障	막을/장애	장		倉	곳집/창고	창	(仓)	項	목	항	(项)				
張	베풀	장	(张)	債	빚	채	(债)	航	배	항					

음과 뜻이 여럿인 한자

<table>
<tr><td>賈</td><td>성
장사</td><td>가 (賈氏:가씨)
고 (賈船:고선)</td><td>率</td><td>비율
거느릴</td><td>률 (能率:능률)
솔 (統率:통솔)</td></tr>
<tr><td>降</td><td>내릴
항복할</td><td>강 (下降:하강)
항 (降伏:항복)</td><td>北</td><td>북녘
달아날</td><td>북 (北方:북방)
배 (敗北:패배)</td></tr>
<tr><td>更</td><td>다시
고칠</td><td>갱 (更新:갱신)
경 (變更:변경)</td><td>復</td><td>돌아올
다시</td><td>복 (回復:회복)
부 (復活:부활)</td></tr>
<tr><td>車</td><td>수레
수레</td><td>거 (車馬:거마)
차 (車費:차비)</td><td>覆</td><td>덮을
뒤집힐</td><td>부 (覆載:부재)
복 (覆面:복면)</td></tr>
<tr><td>見</td><td>볼
뵐</td><td>견 (見聞:견문)
현 (謁見:알현)</td><td>否</td><td>아닐
막힐</td><td>부 (否認:부인)
비 (否塞:비색)</td></tr>
<tr><td>龜</td><td>거북
땅이름
터질</td><td>귀 (龜甲:귀갑)
구 (龜浦:구포)
균 (龜裂:균열)</td><td>不</td><td>아닐
아닐</td><td>불 (不吉:불길)
부 (不當:부당)</td></tr>
<tr><td>金</td><td>쇠
성</td><td>금 (金屬:금속)
김 (金氏:김씨)</td><td>殺</td><td>죽일
감할</td><td>살 (殺生:살생)
쇄 (相殺:상쇄)</td></tr>
<tr><td>度</td><td>법도
헤아릴</td><td>도 (制度:제도)
탁 (度支:탁지)</td><td>狀</td><td>모양
문서</td><td>상 (形狀:형상)
장 (賞狀:상장)</td></tr>
<tr><td>讀</td><td>읽을
구절</td><td>독 (讀書:독서)
두 (句讀:구두)</td><td>塞</td><td>변방
막을</td><td>새 (要塞:요새)
색 (窒塞:질색)</td></tr>
<tr><td>洞</td><td>마을
꿰뚫을</td><td>동 (洞里:동리)
통 (洞達:통달)</td><td>索</td><td>찾을
쓸쓸할</td><td>색 (搜索:수색)
삭 (索莫:삭막)</td></tr>
<tr><td>樂</td><td>즐거울
풍류
좋아할</td><td>락 (娛樂:오락)
악 (音樂:음악)
요 (樂山:요산)</td><td>說</td><td>말씀
달랠
기쁠</td><td>설 (說明:설명)
세 (遊說:유세)
열 (說樂:열락)</td></tr>
</table>

| 省 | 살필 | 성 (省察:성찰) |
| | 덜 | 생 (省略:생략) |

| 數 | 셈 | 수 (數學:수학) |
| | 자주 | 삭 (頻數:빈삭) |

| 宿 | 잠잘 | 숙 (宿所:숙소) |
| | 별자리 | 수 (星宿:성수) |

| 拾 | 주울 | 습 (拾得:습득) |
| | 열 | 십 (拾萬:십만) |

| 食 | 먹을 | 식 (飮食:음식) |
| | 밥 | 사 (簞食:단사) |

| 識 | 알 | 식 (知識:지식) |
| | 기록할 | 지 (標識:표지) |

| 惡 | 악할 | 악 (善惡:선악) |
| | 미워할 | 오 (嫌惡:혐오) |

| 易 | 바꿀 | 역 (貿易:무역) |
| | 쉬울 | 이 (容易:용이) |

| 炙 | 구울 | 자 (膾炙:회자) |
| | 고기구이 | 적 (散炙:산적) |

刺	찌를	자 (刺客:자객)
	찌를	척 (刺殺:척살)
	수라	라 (水刺:수라)

| 切 | 끊을 | 절 (切斷:절단) |
| | 모두 | 체 (一切:일체) |

| 辰 | 지지 | 진 (辰時:진시) |
| | 별 | 신 (辰星:신성) |

| 參 | 참여할 | 참 (參加:참가) |
| | 석 | 삼 (參拾:삼십) |

| 沈 | 가라앉을 | 침 (沈沒:침몰) |
| | 성 | 심 (沈氏:심씨) |

| 拓 | 넓힐 | 척 (開拓:개척) |
| | 박을 | 탁 (拓本:탁본) |

| 宅 | 집 | 택 (住宅:주택) |
| | 댁 | 댁 (宅內:댁내) |

| 便 | 편할 | 편 (便利:편리) |
| | 오줌 | 변 (小便:소변) |

| 布 | 펼 | 포 (布告:포고) |
| | 펼 | 보 (布施:보시) |

| 暴 | 사나울 | 폭 (暴風:폭풍) |
| | 사나울 | 포 (暴惡:포악) |

| 泌 | 스며흐를 | 필 (泌泌:필필) |
| | 분비할 | 비 (泌尿:비뇨) |

| 滑 | 미끄러울 | 활 (滑降:활강) |
| | 익살스러울 | 골 (滑稽:골계) |

| 行 | 다닐 | 행 (行人:행인) |
| | 항렬 | 항 (行列:항렬) |

2급 직업군별 실용한자어

경제

價格景氣	가격경기
價格告示	가격고시
價格構成	가격구성
價格安定措置	가격안정조치
價格危險	가격위험
價格制限幅	가격제한폭
價格指數	가격지수
價格效果	가격효과
家計生活指數	가계생활지수
家計所得	가계소득
家計收支	가계수지
家計手票	가계수표
家計調査	가계조사
落札	낙찰
南南問題	남남문제
南南協力	남남협력
納稅義務의 確定	납세의무의 확정
納稅者保護擔當官制度	납세자 보호 담당관 제도
內國貿易	내국무역
內國信用狀	내국신용장
內國人所有化	내국인소유화
內國支給手段	내국지급수단
內國換	내국환
內部監査	내부감사
內部金融	내부금융
內部勞動市場	내부노동시장
內部收益率	내부수익률
內部市場	내부시장
內部要因	내부요인
內部留保	내부유보
內部理事	내부이사
內部者	내부자
內部者 去來	내부자거래
內部資金	내부자금
內部情報	내부정보
內部持分率	내부지분율
多國間貿易機構	다국간 무역기구
多國間纖維協定	다국간 섬유협정
多國間通貨調整	다국간 통화조정
多國籍企業	다국적기업
多國籍銀行	다국적 은행
納入資本金	납입자본금
納入資本利益率	납입자본이익률
內國民待遇	내국민대우
反對賣買	반대매매
反騰	반등
反落	반락
反投資	반투자
發起設立	발기설립
惡材	악재
安全性 分析	안전성 분석
借款	차관
差別關稅	차별관세
差益去來	차익거래
創立總會	창립총회
他人資本	타인자본
他人資本回轉率	타인자본회전율
宅地所有上限制	택지소유상한제
土地去來 許可制	토지거래 허가제
土地超過利得稅	토지초과이득세
限界企業	한계기업
限界稅率	한계세율
限界預貸率	한계예대율
限界支給準備率	한계지급준비율

경영

監督職	감독직
降職	강직
經營權	경영권
經營參加	경영참가
高齡化社會	고령화 사회
雇傭	고용
雇傭者	고용자
雇傭者所得	고용자소득
雇傭調整	고용조정
過勞死	과로사
管理職	관리직
管理職任期制	관리직임기제
管理職停年制	관리직정년제
交替勤務制	교체근무제
企業內福祉	기업내복지
勞動條件	노동조건
能力給	능력급
能力主義	능력주의
多面評價	다면평가
同一勞動 同一賃金의 原則	동일노동 동일임금의 원칙
復職	복직
昇級 · 昇進	승급 · 승진
市場賃金	시장임금
失業率	실업률
實質賃金	실질임금
人事管理	인사관리
人事權	인사권
在宅勤務	재택근무
終身雇傭	종신고용
職務	직무
職務分析	직무분석
職務忠實	직무충실
最低生計費	최저생계비
最低賃金	최저임금
退職金	퇴직금

교육

假說檢證	가설검증
感受性 訓練	감수성 훈련
感覺主義	감각주의
開放學校	개방학교
開放教育課程	개방교육과정
個別化 授業	개별화 수업
經驗論	경험론
經驗中心 教育課程	경험중심 교육과정
繼續性의 原理	계속성의 원리
公教育費	공교육비
觀念論	관념론
教授管理	교수관리
教授設計	교수설계
教授評價	교수평가
教育隔差	교육격차
教育豫算	교육예산
教育委員會	교육위원회
教育의 機會均等	교육의 기회균등
教育自治制	교육자치제
教育的社會學	교육적 사회학
權威主義 教育	권위주의 교육
期待效果	기대효과
機會均等의 原理	기회균등의 원리
論理的 誤謬	논리적 오류
能力檢查	능력검사
單答型 問項作成	단답형 문항작성
代案教育	대안교육
事例研究法	사례연구법
生活指導	생활지도
遂行評價	수행평가
心理治療	심리치료
兒童中心 教育	아동중심 교육
外在的 動機	외재적 동기
遠隔教育	원격교육
人文主義	인문주의
認知構造	인지구조

人性教育	인성교육
自己主導的 學習	자기주도적 학습
情報處理理論	정보처리이론
診斷評價	진단평가
集團相談	집단상담
青少年非行	청소년비행
討議法	토의법
退行	퇴행
統合教育課程	통합교육과정
特殊教育	특수교육
平生教育	평생교육
學校運營委員會	학교운영위원회
學習不振兒	학습부진아
學習戰略	학습전략
學制	학제
協同學習	협동학습
形成評價	형성평가

국사

江華島條約	강화도조약
廣開土大王陵碑	광개토대왕릉비
光州 學生 抗日運動	광주학생항일운동
奎章閣	규장각
國債報償運動	국채보상운동
國子監	국자감
畿湖學派	기호학파
萬民共同會	만민공동회
東學	동학
東醫寶鑑	동의보감
東洋拓植株式會社	동양척식주식회사
東史綱目	동사강목
東道西器論	동도서기론
斷髮令	단발령
奴婢按檢法	노비안검법
牧民心書	목민심서

渤海	발해
物産獎勵運動	물산장려운동
四捨五入改憲	사사오입개헌
斯文亂賊	사문난적
司諫院	사간원
北伐論	북벌론
書堂	서당
三國遺事	삼국유사
三國史記	삼국사기
成均館	성균관
西遊見聞	서유견문
是日也放聲大哭	시일야방성대곡
閭田論	여전론
五家作統法	오가작통법
壬辰倭亂	임진왜란
議政府	의정부
義禁府	의금부
乙巳條約	을사조약
濟州道 四三事件	제주도4·3사건
鄭鑑錄	정감록
朝鮮總督府	조선총독부
朝鮮上古史	조선상고사
斥和碑	척화비
蕩平論	탕평론
淸海鎭	청해진
韓日議定書	한일의정서
韓人愛國團	한인애국단
八萬大藏經	팔만대장경
洪範十四條	홍범십사조
號牌法	호패법
訓民正音	훈민정음

국제금융

競爭入札	경쟁입찰
景氣動向指數	경기동향지수(DI)
經濟的 附加價値	경제적 부가가치
固定評價	고정평가
公開市場操作	공개시장조작

公的對外準備資産　　　　공적대외준비자산
管理通貨制度　　　　관리통화제도
國家危險度　　　　국가위험도
國際收支　　　　국제수지
國際流動性　　　　국제유동성
國際通貨基金　　　국제통화기금(IMF)
金本位制度　　　　금본위제도
金融先物去來　　　　금융선물거래
基金型 投資信託　　　기금형 투자신탁
技術的 分析　　　　기술적 분석
基準換率　　　　기준환율
基礎收支　　　　기초수지
消費者信用規制　　　소비자신용규제
收入關稅　　　　수입관세
信用危險　　　　신용위험
信用派生商品　　　　신용파생상품
新株引受權　　　　신주인수권
讓渡性 預託證書　　양도성 예탁증서
旅行者手票　　　여행자수표(T/C)
資産擔保證券　　　　자산담보증권
調整計定　　　　조정계정
電子商去來　　　　전자상거래
電子資金移替制度
　　　　전자자금이체제도
債券　　　　채권

무역

價格　　　　가격
檢數　　　　검수
檢疫　　　　검역
見本割引　　　　견본할인
告知義務　　　　고지의무
空積　　　　공적
公正貿易　　　　공정무역
課稅標準　　　　과세표준
世界貿易機構　　세계무역기구(WTO)
國際協力關稅　　　국제협력관세

單純信用狀　　　　단순신용장
保稅區域　　　　보세구역
保護貿易　　　　보호무역
輸入代行　　　　수입대행
輸出代行　　　　수출대행
輸出保險　　　　수출보험
輸出信用保證　　　수출신용보증
引受銀行　　　　인수은행
通關　　　　통관
海上保險　　　　해상보험

유통물류

價格彈力性　　　　가격탄력성
價格破壞小賣店　　가격파괴소매점
假需要　　　　가수요
假處分所得　　　　가처분소득
間接廣告　　　　간접광고
間接物流費　　　　간접물류비
檢字表示　　　　검자표시
經濟5團體　　　　경제5단체
經濟財　　　　경제재
景品附販賣　　　　경품부판매
季節的失業　　　　계절적실업
顧客滿足經營　　　고객만족경영
顧客志向　　　　고객지향
固定資産回轉率　　고정자산회전율
共同施工契約　　　공동시공계약
共同集配送團地　　공동집배송단지
共同出荷　　　　공동출하
工業所有權　　　　공업소유권
公正去來法　　　　공정거래법
寡占　　　　과점
關稅支給引導條件
　　　　관세지급인도조건
關稅還給　　　　관세환급
購買管理　　　　구매관리
購買承認書　　　　구매승인서
購買時點廣告　　　구매시점광고

國際物流　　　　국제물류
勸獎消費者價格　　권장소비자가격
基幹産業　　　　기간산업
期待接近　　　　기대접근
企業引受合倂　　　기업인수합병
基準率　　　　기준율
耐久消費財　　　　내구소비재
綠色商品　　　　녹색상품
農産物價格支持制度
　　　　농산물가격지지제도
代替商品　　　　대체상품
都賣物流業　　　　도매물류업
默示擔保　　　　묵시담보
背書　　　　배서
配送　　　　배송
報復關稅　　　　보복관세
保險價額　　　　보험가액
不渡　　　　부도
産地都買　　　　산지도매
商品回轉率　　　　상품회전율
損益計算書　　　　손익계산서
損益分岐點　　　　손익분기점
需要彈力性　　　　수요탄력성
輸出免狀　　　　수출면장
潛在瑕疵　　　　잠재하자
赤色製品　　　　적색제품
中繼貿易　　　　중계무역

법률

假登記　　　　가등기
假釋放　　　　가석방
假押留　　　　가압류
却下　　　　각하
簡易引渡　　　　간이인도
間接審理主義　　　간접심리주의
間接正犯　　　　간접정범
間接證據　　　　간접증거
監事　　　　감사

監視權	감시권
強迫	강박
強要罪	강요죄
強制保險	강제보험
強制分家	강제분가
強制執行免脫罪	강제집행면탈죄
強制執行請求權	강제집행청구권
強制投票	강제투표
強制和議	강제화의
強行法(強行規定)	강행법(강행규정)
槪括的 故意	개괄적 고의
個人訴權主義	개인소권주의
客觀的 處罰條件	객관적 처벌조건
檢事	검사
檢證	검증
警察	경찰
競合犯	경합범
契約	계약
戒嚴	계엄
故殺	고살
告訴	고소
遺棄의 罪	유기의 죄
落胎罪	낙태죄
辯護士	변호사
一般赦免	일반사면
類推解釋	유추해석
抗訴	항소
官僚主義	관료주의
解除	해제
抑制理論	억제이론
橫領罪	횡령죄
環境權	환경권
軟性憲法	연성헌법
法醫學	법의학
留止請求權	유지청구권
裁判	재판
管轄	관할
名譽毀損罪	명예훼손죄
緊急避難	긴급피난

僞證罪	위증죄
保護觀察	보호관찰
單純承認	단순승인
物權的 請求權	물권적 청구권
累犯	누범

정치

政黨	정당
大統領制	대통령제
比例代表制	비례대표제
聽聞會	청문회
中選擧區制	중선거구제
大選擧區制	대선거구제
院內交涉團體	원내교섭단체
壓力團體	압력단체
選擧公營制	선거공영제
不逮捕特權	불체포특권
免責特權	면책특권
勞使政委員會	노사정위원회
國政調査權	국정조사권
國政監査權	국정감사권
空轉	공전
無所屬議員	무소속의원
附議	부의
審議, 審査	심의, 심사

행정

加算金	가산금
加算稅	가산세
計算證明	계산증명
固定汚染源	고정오염원
國家非常事態	국가비상사태
都給經費	도급경비
明示移越	명시이월
保證履行業體	보증이행업체
社會間接資本	사회간접자본
先制行政	선제행정

輸入先多邊化	수입선다변화
用途變更 承認	용도변경 승인
日沒制	일몰제
制限稅率	제한세율
標準稅率	표준세율
行政情報公開制度	행정정보공개제도
還付制度	환부제도
特別徵收	특별징수

군사

間接戰略	간접전략
國家戰略	국가전략
國防	국방
軍備競爭	군비경쟁
軍事敎理	군사교리
軍需	군수
多變軍	다변군
民防衛	민방위
文化遺産의 保護	문화유산의 보호
心理戰爭	심리전쟁
相互抑制	상호억제
人道主義的 國際法	인도주의적 국제법
電子戰	전자전

사회

家父長制	가부장제
黑白論理	흑백논리
人民	인민
公民	공민
大衆	대중
民衆	민중
國民年金法	국민연금법
多元的 無知	다원적 무지
社會指標	사회지표

시사

家計信用	가계신용
可變車路制	가변차로제
金融實名制	금융실명제
金融專業家	금융전업가
企待(期待)壽命	기대수명
企業支配構造	기업지배구조
氣候經濟學	기후경제학
代表訴訟制	대표소송제
道德 指數	도덕 지수(MQ)
民營住宅	민영주택
國民住宅	국민주택
白騎士	백기사
黑騎士	흑기사
不實與信	부실여신
上場企業	상장기업
上場株式	상장주식
新 部族主義	신 부족주의

건축

推定價格	추정가격
工程率	공정율
工程表	공정표
鑑定評價	감정평가
開發負擔金	개발부담금
開發制限區域	개발제한구역
競爭過熱地域	경쟁과열지역
共同住宅	공동주택
公示地價	공시지가
多世帶住宅	다세대주택
改築	개축
聯立住宅	연립주택
延面積	연면적
一般住居地域	일반주거지역
一般商業地域	일반상업지역
一般工業地域	일반공업지역
日照權	일조권

傳貰權	전세권
準工業地域	준공업지역
準住居地域	준주거지역
地役權	지역권

과학

加工硬化	가공경화
可鍛性	가단성
可鍛鑄鐵	가단주철
可變速度電動機	가변속도전동기
加算混合	가산혼합
假想記憶裝置	가상기억장치
假想年	가상년
假想變位의 原理	가상변위의 원리
假說演繹法	가설연역법
假性貧血	가성빈혈
可塑物	가소물
加水分解	가수분해
加壓水形原子爐	가압수형원자로
可逆變化	가역변화
可逆電池	가역전지
可融合金	가융합금
價電子	가전자
可聽範圍	가청범위
假現運動	가현운동
覺醒反應	각성반응
間腦	간뇌
干涉屈折計	간섭굴절계
褐色火藥	갈색화약
感覺毛	감각모
感覺神經	감각신경
減衰器	감쇠기
減數分裂	감수분열
鑑識學	감식학
感熱紙	감열지
感染熱	감염열
降交點	강교점
降雨遮斷	강우차단

強誘電體	강유전체
腔腸動物	강장동물
強震計	강진계
交流電壓計	교류전압계
南極氣團	남극기단
富營養化	부영양화

정보통신

假想共同體	가상공동체
諒解覺書	양해각서
全社的 資源管理	전사적 자원관리

산업공학

價値工學	가치공학
事務生産性 向上	사무생산성 향상
原價節減	원가절감
意識改革	의식개혁
綜合生産性革新	종합생산성혁신
經營科學	경영과학
相互背反性	상호배반성

의학

肝硬化	간경화
境界性人格障碍	경계성 인격장애
骨多孔症	골다공증
壞死	괴사
白內障	백내장

한자실력급수 자격시험
2급

연 습 문 제

(1회~15회)

한자실력급수 자격시험 2급 연습문제 〈1〉

객관식 (1~30번)

※ [　]안의 한자와 음이 같은 한자는?

1. [纖] ① 巢　② 腸　③ 廉　④ 閃
2. [詞] ① 箸　② 鑛　③ 似　④ 弑
3. [瑞] ① 罔　② 逝　③ 謠　④ 寐
4. [津] ① 震　② 宋　③ 鍊　④ 韻
5. [懇] ① 膏　② 彩　③ 幹　④ 淵

※ [　]안의 한자와 뜻이 비슷하거나 같은 한자는?

6. [搜] ① 牧　② 索　③ 稙　④ 疾
7. [寧] ① 康　② 捨　③ 薦　④ 欽
8. [佐] ① 溺　② 諮　③ 矜　④ 補

※ [　]안의 한자와 뜻이 반대되거나 상대되는 한자는?

9. [疏] ① 親　② 琢　③ 鎖　④ 倦
10. [矛] ① 密　② 眞　③ 伸　④ 盾
11. [緩] ① 蔑　② 急　③ 欠　④ 羞

※ 〈보기〉의 단어들과 가장 관련이 깊은 한자는?

12.

〈보기〉	염통	허파	콩팥

　① 旺　② 虜　③ 臟　④ 穡

13.

〈보기〉	이불	잠옷	수면

　① 耀　② 乏　③ 瓜　④ 寢

14.

〈보기〉	석청	꿀	침

　① 蜂　② 怠　③ 謗　④ 弘

※ 다음 중 한자어의 독음이 바르지 <u>않은</u> 것은?

15. ① 悽絕 : 처절　② 朔風 : 역풍
　　③ 玄武 : 현무　④ 篤敬 : 독경
16. ① 襲擊 : 습격　② 華麗 : 화려
　　③ 符號 : 기호　④ 涉獵 : 섭렵
17. ① 侯爵 : 후작　② 結核 : 결핵
　　③ 滿醉 : 만졸　④ 塞翁 : 새옹

※ [　]안의 단어를 한자로 알맞게 쓴 것은?

18. 참석인 [명부]에 기록된 사람들에게 답례품을 증정하였다.
　　① 名副　② 名府　③ 名釜　④ 名簿
19. 이 산은 [경사]가 심해서 하산할 때 각별히 주의해야 한다.
　　① 傾斜　② 傾祀　③ 傾唆　④ 傾徙
20. 심판의 [편파] 판정에 항의하였다.
　　① 偏派　② 偏頗　③ 偏把　④ 偏坡

※ 주어진 뜻에 알맞은 한자어는?

21. 어떤 사항을 직접 규정한 법규가 없을 때 그와 비슷한 사항을 규정한 법규를 적용하는 법의 해석 방법.
　　① 類抽解釋　　② 流追解釋
　　③ 類推解釋　　④ 類趨解釋
22. 국회의원이 국회 안에서 직무상 행한 발언과 표결에 관하여 국회 밖에서 책임을 지지 않는 특권.
　　① 免策特勸　　② 免策特權
　　③ 免責特勸　　④ 免責特權
23. 국가·공공단체 등이 자기의 채무를 증명하여 발행하는 유가증권.
　　① 責卷　② 債券　③ 債權　④ 責權
24. 도리에 어긋나는 주장이나 행동을 하여 유교를 어지럽히는 사람을 비난하여 이르는 말.
　　① 斯文亂賊　　② 邪文難賊
　　③ 邪文亂敵　　④ 斯文難敵
25. 국토 교통부 장관이 조사·평가하여 공시한 표준지의 단위 면적당 가격.
　　① 共試地價　　② 公試地價
　　③ 共示地價　　④ 公示地價

※ [　]안에 들어갈 한자어로 알맞은 것은?

26. 일부 금융기관은 [　]이 증가하면서 자산건전성에 위협받고 있는 것으로 밝혀졌다.
　　① 限界企業　　② 發起設立
　　③ 不實與信　　④ 感覺主義
27. [　]의 인상을 둘러싼 각계각층의 의견이 분분하다.
　　① 關稅還給　　② 最低賃金
　　③ 價格指數　　④ 雇傭調整
28. 명절연휴로 인해 물품 [　]이 늦어지고 있다.
　　① 配送　② 大衆　③ 落札　④ 反騰
29. [　]란 일시적 시장불균형으로 인한 가격 차이를 이용하여 이익을 얻기 위한 거래이다.
　　① 乙巳條約　　② 差益去來
　　③ 家計手票　　④ 內國換
30. 지나친 음주는 [　]를 일으키는 주된 원인이다.
　　① 肝硬化　　② 白內障
　　③ 假性貧血　　④ 骨多孔症

주관식 (주1~주70번)

※ 다음 한자의 훈(뜻)과 음(소리)을 한글로 쓰시오.
주1. 鹽　　　（　　　　　　　）
주2. 勳　　　（　　　　　　　）
주3. 晏　　　（　　　　　　　）
주4. 籠　　　（　　　　　　　）
주5. 越　　　（　　　　　　　）
주6. 墮　　　（　　　　　　　）
주7. 謬　　　（　　　　　　　）
주8. 播　　　（　　　　　　　）

※ 다음 훈과 음에 맞는 한자를 〈보기〉에서 찾아 쓰시오.

〈보기〉	埋 卦 狂 鳴 貌 腰 墻 戴 膽 鷗 棟 戚

주9. 갈매기　구　（　　　　　　　）
주10. 담　　　장　（　　　　　　　）
주11. 허리　　요　（　　　　　　　）
주12. 겨레　　척　（　　　　　　　）
주13. 베낄　　등　（　　　　　　　）
주14. 미칠　　광　（　　　　　　　）
주15. 묻을　　매　（　　　　　　　）

※ 다음 한자어의 독음을 한글로 쓰시오.
주16. 元旦　（　　　　　　）
주17. 溺死　（　　　　　　）
주18. 厭世　（　　　　　　）
주19. 讚辭　（　　　　　　）
주20. 受侮　（　　　　　　）
주21. 拘碍　（　　　　　　）
주22. 卑屈　（　　　　　　）
주23. 鬱寂　（　　　　　　）
주24. 粉碎　（　　　　　　）
주25. 抵觸　（　　　　　　）
주26. 殃禍　（　　　　　　）
주27. 構築　（　　　　　　）
주28. 繁殖　（　　　　　　）
주29. 獎勵　（　　　　　　）
주30. 裁斷　（　　　　　　）

※ 〈보기〉의 뜻을 참고하여 ○ 안에 공통으로 들어갈 한자를 쓰시오.

주31. (1) 役○　　　(2) ○愛　　（　　　　　　）

〈보기〉	(1) 자기가 마땅히 하여야 할 맡은 바 직책이나 임무. (2) 소중한 시간, 돈, 공간 따위를 아깝게 여기지 아니하고 선뜻 내어 줌.

주32. (1) 左○　　　(2) ○都　　（　　　　　　）

〈보기〉	(1) 낮은 관직이나 지위로 떨어지거나 외직으로 전근됨. (2) 도읍을 옮김.

주33. (1) ○銘　　　(2) 墓○　　（　　　　　　）

〈보기〉	(1) 비석에 새긴 글. (2) 무덤 앞에 세우는 비석.

※ ○ 안에 공통으로 들어갈 한자를 〈보기〉에서 찾아 쓰시오.

〈보기〉	哭　奏　洛　粒　趣　蔘　關

주34. 演○　　○請　　合○　　（　　　　　　）
주35. 人○　　紅○　　乾○　　（　　　　　　）
주36. 痛○　　卒○　　○聲　　（　　　　　　）
주37. ○味　　○向　　情○　　（　　　　　　）

※ 문장에서 잘못 쓴 한자를 바르게 고쳐 쓰시오.
(단, 음이 같은 한자로 고칠 것)

주38. 초미니 크기의 이 노트북은 休帶가 간편하다.
（　　　→　　　）

주39. 만물이 素生하는 봄이 되었다.
（　　　→　　　）

주40. 뉴욕은 磨天樓가 즐비한 도시이다.
（　　　→　　　）

※ [   ]안 한자어의 독음을 한글로 쓰시오.

주41. 극의 진행 내용과 무관하게 등장하는 과도한
[間接廣告]는 시청자의 눈살을 찌푸리게 만든
다.　　　　　　　　　　（　　　　　　　）

주42. [累犯]은 그 죄에 대한 형이 가중된다.
　　　　　　　　　　　　（　　　　　　　）

주43. 그는 [保護觀察] 기간에 다시 범죄를 저질
러 교도소에 재수감되었다.
　　　　　　　　　　　　（　　　　　　　）

주44. 장보고는 [淸海鎭]을 중심으로 해상권을 쥐
고 중국의 해적을 없앴으며, 중국과 일본 사이
의 중계 무역 요충지로 만들었다.
　　　　　　　　　　　　（　　　　　　　）

주45. 사람들은 [心理治療]를 통해 평소의 심적
고통을 많이 해소한다.　（　　　　　　　）

주46. [博物館]으로 견학을 다녀왔다.
　　　　　　　　　　　　（　　　　　　　）

주47. 그는 외출을 삼가고 집에서 조용히 [謹愼]하였다.
　　　　　　　　　　　　（　　　　　　　）

주48. 그의 주량은 [燒酒] 한 병 정도이다.
　　　　　　　　　　　　（　　　　　　　）

주49. 시민들은 화재 진압 중 사망한 소방관들에게
[哀悼]를 표했다.　　　（　　　　　　　）

주50. 검찰은 불법 복제품을 [押收]하였다.
　　　　　　　　　　　　（　　　　　　　）

주51. 전염병의 [擴散]을 막기 위해 동분서주하였다.
　　　　　　　　　　　　（　　　　　　　）

주52. 한가로운 휴일에 [午睡]를 즐겼다.
　　　　　　　　　　　　（　　　　　　　）

주53. 그는 우리말 어휘를 자유자재로 [驅使]하여 많
은 걸작을 남겼다.　　　（　　　　　　　）

주54. 그는 [謀叛]을 꾀하다 발각되어 극형에 처해
졌다.　　　　　　　　　（　　　　　　　）

주55. 인터넷 뱅킹으로 계좌 [移替]를 하였다.
　　　　　　　　　　　　（　　　　　　　）

※ [   ]안의 단어를 한자로 쓰시오.

주56. 많은 사람들이 그의 [영결식]에 참석하였다.
　　　　　　　　　　　　（　　　　　　　）

주57. 천연재료로 옷감을 [염색]하였다.
　　　　　　　　　　　　（　　　　　　　）

주58. [공포] 영화가 한여름 무더위를 식혀주기도
한다.　　　　　　　　　（　　　　　　　）

주59. 선물을 담은 상자 속에 편지를 [동봉]하였다.
　　　　　　　　　　　　（　　　　　　　）

주60. 그는 자주 지각하여 주위 사람들에게 [민폐]를
끼쳤다.　　　　　　　　（　　　　　　　）

주61. 쓰레기를 함부로 버리면 그곳에서 [악취]가
난다.　　　　　　　　　（　　　　　　　）

주62. 로마 제국의 황제 칼리굴라의 이름은 그가 어릴
적에 신고 다녔던 유아용 [군화]에서 유래하였
다.　　　　　　　　　　（　　　　　　　）

주63. 물고기를 유인한 뒤 [어망]을 펼쳤다.
　　　　　　　　　　　　（　　　　　　　）

주64. 양갓집 [규수]를 며느리로 맞았다.
　　　　　　　　　　　　（　　　　　　　）

주65. 이 영화는 전쟁 [과부] 문제와 그녀들의 고뇌
를 표현한 작품이다.　　（　　　　　　　）

※ 한자성어의 설명을 읽고 ○안에 들어갈 한자를
차례대로 쓰시오.

주66. ○ 羅 萬 ○　　　　（　　　，　　　）

[삼라만상] 우주에 있는 온갖 사물과 현상.

주67. 口 ○ 腹 ○　　　　（　　　，　　　）

[구밀복검] 말로는 친한 듯하나 속으로는 해칠 생각 이 있음을 이르는 말.

주68. 三 ○ 草 ○　　　　（　　　，　　　）

[삼고초려] 인재를 맞아들이기 위하여 참을성 있게 노력함.

주69. 支 離 ○ ○　　　　（　　　，　　　）

[지리멸렬] 이리저리 흩어지고 찢기어 갈피를 잡을 수 없음.

주70. 好 ○ 多 ○　　　　（　　　，　　　）

[호사다마] 좋은 일에는 흔히 방해되는 일이 많음.

- 수고하셨습니다 -

한자실력급수 자격시험 2급 연습문제 〈2〉

객관식 (1~30번)

※ [   ]안의 한자와 음이 같은 한자는?

1. [遣] ① 恐　② 絹　③ 閃　④ 耆
2. [療] ① 了　② 御　③ 遵　④ 淸
3. [枕] ① 滯　② 愚　③ 寢　④ 哲
4. [錦] ① 紡　② 卑　③ 環　④ 琴
5. [飼] ① 柴　② 荷　③ 架　④ 蛇

※ [   ]안의 한자와 뜻이 비슷하거나 같은 한자는?

6. [遙] ① 遠　② 徙　③ 遞　④ 駐
7. [抑] ① 鐸　② 秉　③ 壓　④ 謙
8. [誤] ① 殖　② 謬　③ 擴　④ 謠

※ [   ]안의 한자와 뜻이 반대되거나 상대되는 한자는?

9. [鈍] ① 銳　② 鑛　③ 鑄　④ 鎔
10. [廣] ① 牧　② 狹　③ 倦　④ 穫
11. [旦] ① 尼　② 乏　③ 夕　④ 矛

※ 〈보기〉의 단어들과 가장 관련이 깊은 한자는?

12.

〈보기〉	논	왕겨	모내기

　① 衡　② 駿　③ 涉　④ 稻

13.

〈보기〉	저기압	폭풍우	소용돌이

　① 殆　② 颱　③ 祜　④ 墮

14.

〈보기〉	진주	묵주	염주

　① 洙　② 殊　③ 株　④ 珠

※ 다음 중 한자어의 독음이 바르지 <u>않은</u> 것은?

15. ① 微分 : 징분　② 絞殺 : 교살
　　③ 西歐 : 서구　④ 哀憐 : 애련
16. ① 掛念 : 괘념　② 獻身 : 헌신
　　③ 寬容 : 실용　④ 諫爭 : 간쟁
17. ① 暢達 : 창달　② 卿宰 : 경재
　　③ 歸趨 : 귀추　④ 燕息 : 안식

※ [   ]안의 단어를 한자로 알맞게 쓴 것은?

18. 무미건조한 도시 생활에 [염증]을 느꼈다.
　　① 鹽症　② 厭症　③ 染症　④ 廉症
19. 그녀는 화려한 보석으로 몸을 [치장] 하였다.
　　① 治掌　② 治葬　③ 治粧　④ 治獎
20. 새로운 선생님께서 [부임]하셨다.
　　① 赴任　② 符任　③ 賦任　④ 浮任

※ 주어진 뜻에 알맞은 한자어는?

21. 눈의 수정체가 흐려져서 시력장애를 일으키는 병.
　　① 白內障　　　　② 白內藏
　　③ 伯內藏　　　　④ 伯內障
22. 간장에 질환이 생겨 딱딱하게 굳음.
　　① 肝驚化　　　　② 肝硬和
　　③ 肝驚和　　　　④ 肝硬化
23. 몇몇 기업이 어떤 상품시장의 대부분을 지배하는 상태.
　　① 過占　② 課占　③ 寡占　④ 誇占
24. 주로 포유류의 주둥이에 붙어 외부의 자극을 민감하게 받아들이는 작용을 하는 털.
　　① 感角毛　　　　② 感覺毛
　　③ 減覺毛　　　　④ 減角毛
25. 범죄의 피해자나 다른 고소권자가 범죄 사실을 수사 기관에 신고하여 그 수사와 범인의 기소를 요구하는 일.
　　① 告訴　② 告召　③ 考訴　④ 考召

※ [   ]안에 들어갈 한자어로 알맞은 것은?

26. 청년 [   ]을/를 위한 실질적인 대책이 절실하다.
　　① 樹脂　② 雇傭　③ 沈着　④ 裁判
27. 업무용 건물은 주차장의 면적이 전체 [   ]의 30퍼센트 이상이 되어야 한다.
　　① 義禁府　　　　② 經濟財
　　③ 延面積　　　　④ 價電子
28. 노후한 학교 건물의 [   ] 공사가 시작되었다.
　　① 創建　② 縮尺　③ 落札　④ 改築
29. 최근 주가가 [   ]세로 돌아섰다.
　　① 大衆　② 抛棄　③ 反騰　④ 混濁
30. 민사소송에서 상소가 형식요건을 갖추지 못하면 원고의 청구가 [   ]될 수 있다.
　　① 却下　② 强迫　③ 惡材　④ 國防

주관식 (주1~주70번)

※ 다음 한자의 훈(뜻)과 음(소리)을 한글로 쓰시오.

주1. 虜　（　　　　　　）
주2. 塵　（　　　　　　）
주3. 網　（　　　　　　）
주4. 鶴　（　　　　　　）
주5. 隨　（　　　　　　）
주6. 憩　（　　　　　　）
주7. 膠　（　　　　　　）
주8. 禱　（　　　　　　）

※ 다음 훈과 음에 맞는 한자를 〈보기〉에서 찾아 쓰시오.

〈보기〉	瓜 煩 累 灰 忌 葛 瑞 渡 遜 糖 鍛 歪

주9. 건널　　도　（　　　　　　）
주10. 여러　　루　（　　　　　　）
주11. 엿　　　당　（　　　　　　）
주12. 비뚤　　왜　（　　　　　　）
주13. 오이　　과　（　　　　　　）
주14. 꺼릴　　기　（　　　　　　）
주15. 칡　　　갈　（　　　　　　）

※ 다음 한자어의 독음을 한글로 쓰시오.

주16. 伴侶者（　　　　　　）
주17. 逝去　（　　　　　　）
주18. 壞死　（　　　　　　）
주19. 銃砲　（　　　　　　）
주20. 核融合（　　　　　　）
주21. 罷職　（　　　　　　）
주22. 潭淵　（　　　　　　）
주23. 疏忽　（　　　　　　）
주24. 禪房　（　　　　　　）
주25. 哺乳　（　　　　　　）
주26. 倭賊　（　　　　　　）
주27. 孔雀　（　　　　　　）
주28. 肥沃　（　　　　　　）
주29. 冒險　（　　　　　　）
주30. 關鍵　（　　　　　　）

※ 〈보기〉의 뜻을 참고하여 ○ 안에 공통으로 들어갈 한자를 쓰시오.

주31. (1) ○張　　　　(2) ○密　（　　　　）

〈보기〉	(1) 마음을 조이고 정신을 바짝 차림. (2) 서로의 관계가 매우 가까워 빈틈이 없음.

주32. (1) ○名　　　　(2) 隱○　（　　　　）

〈보기〉	(1) 자신의 이름을 드러내지 않음. (2) 어떤 사실이나 물건, 범죄인 등을 숨김.

주33. (1) 日○　　　　(2) ○度　（　　　　）

〈보기〉	(1) 일정한 기간 동안 해야 할 일의 계획을 날짜별로 짜 놓은 것. (2) 알맞은 한도 또는 얼마 가량의 분량.

※ ○ 안에 공통으로 들어갈 한자를 〈보기〉에서 찾아 쓰시오.

〈보기〉	昇　柔　按　拔　折　槪　蜜

주34. ○月　　蜂○　　○語　（　　　　）
주35. ○降　　上○　　○進　（　　　　）
주36. 奇○　　○齒　　海○　（　　　　）
주37. ○半　　屈○　　○衷　（　　　　）

※ 문장에서 잘못 쓴 한자를 바르게 고쳐 쓰시오.
(단, 음이 같은 한자로 고칠 것)

주38. 어른은 아이들의 龜敢이 되어야 한다.
　　　　　　　　（　　　→　　　）

주39. 그는 출마하라는 주위의 권유를 끝내 固査하였다.
　　　　　　　　（　　　→　　　）

주40. 엑기스는 일본에서 쓰는 외래어가 우리말에 그대로 들어온 것이므로, 津額으로 순화하여 사용하여야 한다.
　　　　　　　　（　　　→　　　）

※ [   ]안 한자어의 독음을 한글로 쓰시오.

주41. 이 도로를 경계로 [管轄] 관청이 나뉜다.
（　　　　　　　）

주42. [輸出免狀]이 교부되어 수출이 허가된 화물
은 관세법상 외국물품이 된다.
（　　　　　　　）

주43. 국제 통화 기금은 세계 여러 국가에 [借款]을
제공한다.　　　　　　（　　　　　　　）

주44. 사내 직원에 대한 [教育豫算]을 늘려 지속
적인 역량 개발을 추진했다.
（　　　　　　　）

주45. 벚나무는 조선 시대에는 활을 만드는 재료로
서 [軍需] 물자이기도 했다.
（　　　　　　　）

주46. 그는 구차한 [辨明]만 늘어놓았다.
（　　　　　　　）

주47. 방음벽 덕분에 외부의 소음이 많이 [遮斷]되
었다.　　　　　　　（　　　　　　　）

주48. 테러 단체에 의한 민간 항공기 [被拉] 사건
이후 공항에서는 보안이 강화되었다.
（　　　　　　　）

주49. 올해 우리 학교 야구부가 전국대회에서 우승하
여 [霸權]을 차지했다. （　　　　　　　）

주50. 노동조합원들이 노동 조건의 개선을 요구하며
[籠城] 시위를 하였다. （　　　　　　　）

주51. 정부가 대중매체에 대해 엄격한 사전 [檢閱]
을 실시한 시절도 있었다. （　　　　　　　）

주52. 이 영화는 감독의 직관력과 풍부한 상상력이
[遺憾] 없이 발휘된 작품이다.
（　　　　　　　）

주53. 그는 요즘 [憂鬱]과 무력감에 빠졌다.
（　　　　　　　）

주54. 한번 무너진 [信賴]는 회복하기 어렵다.
（　　　　　　　）

주55. 고향에 계시는 조부님께 [書翰]을 보냈다.
（　　　　　　　）

※ [   ]안의 단어를 한자로 쓰시오.

주56. 풍랑을 만난 배는 정처 없이 바다를 [표류]하
였다.　　　　　　　（　　　　　　　）

주57. 이곳에서 내일 꽃박람회가 [개최]될 예정이다.
（　　　　　　　）

주58. 할머니께서 반질반질해진 대청마루 바닥을 어
루만지시면서 지난날을 [회고]하셨다.
（　　　　　　　）

주59. 어린 조카가 구구단을 막힘없이 [암송]하여
우리를 놀라게 했다. （　　　　　　　）

주60. [감옥]의 수용 공간과 재정 부족을 해결하기
위해 가석방을 실시하기도 한다.
（　　　　　　　）

주61. 출입문이 [폐쇄]되었다. （　　　　　　　）

주62. 국립공원에서는 자연보호를 위해 [취사]를 엄
격히 금하고 있다. （　　　　　　　）

주63. 오빠는 [벽지]로 근무 발령을 받았다.
（　　　　　　　）

주64. [괴한]이 은행에 침입하였으나 청원경찰에 의
해 제압당했다. （　　　　　　　）

주65. 이 금연 광고 사진은 흡연에 대한 경각심을
[고취]시켜준다. （　　　　　　　）

※ 한자성어의 설명을 읽고 ○ 안에 들어갈 한자를
차례대로 쓰시오.

주66. 群 雄 ○ ○　　　　　　（　　　，　　　）

[군웅할거] 여러 영웅이 각기 한 지방씩 차지하고
위세를 부림.

주67. ○ 談 ○ 說　　　　　　（　　　，　　　）

[가담항설] 거리나 항간에 떠도는 소문

주68. 昏 定 ○ ○　　　　　　（　　　，　　　）

[혼정신성] 부모를 잘 섬기고 효성을 다함.

주69. 羊 ○ ○ 肉　　　　　　（　　　，　　　）

[양두구육] 겉보기만 그럴듯하게 보이고 속은 변변
하지 아니함을 이르는 말

주70. 生 者 ○ ○　　　　　　（　　　，　　　）

[생자필멸] 인생과 존재의 무상함을 이르는 말.

－ 수고하셨습니다 －

한자실력급수 자격시험 2급 연습문제 〈3〉

객관식 (1~30번)

※ [　　]안의 한자와 음이 같은 한자는?
1. [釣] ① 膠　② 組　③ 綿　④ 壹
2. [摘] ① 幹　② 矯　③ 寂　④ 逸
3. [俱] ① 添　② 謬　③ 灣　④ 驅
4. [折] ① 竊　② 寓　③ 媒　④ 免
5. [錯] ① 捉　② 脅　③ 伊　④ 柴

※ [　　]안의 한자와 뜻이 비슷하거나 같은 한자는?
6. [畢] ① 杓　② 珏　③ 竟　④ 遷
7. [擊] ① 匹　② 打　③ 麗　④ 翰
8. [彫] ① 脣　② 炳　③ 槪　④ 刻

※ [　　]안의 한자와 뜻이 반대되거나 상대되는 한자는?
9. [軟] ① 硬　② 升　③ 繫　④ 雉
10. [沈] ① 擇　② 悠　③ 浮　④ 被
11. [屈] ① 廬　② 伸　③ 趣　④ 役

※ 〈보기〉의 단어들과 가장 관련이 깊은 한자는?

12.
〈보기〉	증기	장마철	곰팡이

　① 隊　② 暫　③ 勒　④ 濕

13.
〈보기〉	홍수	화재	지진

　① 但　② 殖　③ 傲　④ 禍

14.
〈보기〉	피클	냉국	소박이

　① 屯　② 瓜　③ 鐸　④ 謙

※ 다음 중 한자어의 독음이 바르지 <u>않은</u> 것은?
15. ① 窮僻 : 궁벽　② 潤滑 : 윤활
　　③ 賠償 : 보상　④ 頻繁 : 빈번
16. ① 蠶桑 : 남상　② 曉星 : 효성
　　③ 削除 : 삭제　④ 累犯 : 누범
17. ① 虛飢 : 허기　② 懷抱 : 회포
　　③ 絞殺 : 효살　④ 巢窟 : 소굴

※ [　　]안의 단어를 한자로 알맞게 쓴 것은?
18. 주민들의 반대로 댐 건설 계획이 [무산]되었다.
　　① 巫散　② 貿散　③ 舞散　④ 霧散
19. 우리나라 기업들도 점차 다국적기업의 [면모]를
　　갖추어 가고 있다.
　　① 面耗　② 面貌　③ 面某　④ 面侮
20. 이대로 이용당한 것이 아닌가 하는 [의구]를 느낀다.
　　① 疑懼　② 疑灸　③ 疑鷗　④ 疑購

※ 주어진 뜻에 알맞은 한자어는?
21. 국민주택기금의 지원을 받지 않고 민간건설업자
　　가 건설하는 주택.
　　① 民榮株宅　　② 民榮住宅
　　③ 民營株宅　　④ 民營住宅
22. 인간의 삶의 질 개선을 위해 전 생애에 걸쳐 가
　　정, 학교, 사회에서 이루어지는 교육.
　　① 平生敎育　　② 人性敎育
　　③ 特殊敎育　　④ 遠隔敎育
23. 한 나라가 외국과 재화, 용역 및 자본 등을 거래
　　함으로써 생긴 모든 지불과 수취.
　　① 國際輸支　　② 國際收支
　　③ 國際收旨　　④ 國際輸旨
24. 옳고 그름을 따져 판단함.
　　① 裁板　② 裁判　③ 栽判　④ 栽板
25. 물건의 개수를 헤아리고 검사하는 일.
　　① 檢數　② 檢索　③ 檢閱　④ 檢疫

※ [　　]안에 들어갈 한자어로 알맞은 것은?
26. 심각한 경제위기를 극복하기 위해 [　　　]이/가
　　출범하였다.
　　① 壓力團體　　② 院內交涉團體
　　③ 無所屬議員　　④ 勞使政委員會
27. 장보고는 [　　　]을/를 중심으로 해상권을 장악하고
　　중국과 일본 사이의 중계 무역 요충지로 만들었다.
　　① 奎章閣　　② 成均館
　　③ 淸海鎭　　④ 義禁府
28. 현대 사회에서 물은 환경 오염 등으로 인하여
　　[　　　]에 해당한다.
　　① 經營權　　② 經濟財
　　③ 能力給　　④ 傳貰權
29. 해당 기업은 제조 비용 감소와 원자재 가격 하락에
　　힘입은 [　　　]을/를 통해 흑자 전환에 성공했다.
　　① 人事管理　　② 原價節減
　　③ 雇傭調整　　④ 差益去來
30. [　　　] 제도란 유죄가 확정된 범죄인 또는 비행
　　성이 인정된 소년에 대한 사회 내 처우 제도이다.
　　① 保護觀察　　② 家計調査
　　③ 免責特權　　④ 特別徵收

※ 다음 한자의 훈(뜻)과 음(소리)을 한글로 쓰시오.
주1. 滴　　（　　　　　　　）
주2. 簿　　（　　　　　　　）
주3. 虐　　（　　　　　　　）
주4. 鈍　　（　　　　　　　）
주5. 縫　　（　　　　　　　）
주6. 艦　　（　　　　　　　）
주7. 圈　　（　　　　　　　）
주8. 鬱　　（　　　　　　　）

※ 다음 훈과 음에 맞는 한자를 〈보기〉에서 찾아 쓰시오.

〈보기〉	析 苗 默 型 核 酌 替 錦 網 憩 紫 煩

주9. 번거로울　번　（　　　　　　　）
주10. 잠잠할　　묵　（　　　　　　　）
주11. 쉴　　　　게　（　　　　　　　）
주12. 씨　　　　핵　（　　　　　　　）
주13. 가를　　　석　（　　　　　　　）
주14. 따를　　　작　（　　　　　　　）
주15. 비단　　　금　（　　　　　　　）

※ 다음 한자어의 독음을 한글로 쓰시오.
주16. 倦怠　（　　　　　　　）
주17. 閃影　（　　　　　　　）
주18. 戲劇　（　　　　　　　）
주19. 坑儒　（　　　　　　　）
주20. 老翁　（　　　　　　　）
주21. 懸賞　（　　　　　　　）
주22. 雷聲　（　　　　　　　）
주23. 雁行　（　　　　　　　）
주24. 染織　（　　　　　　　）
주25. 賜藥　（　　　　　　　）
주26. 帳幕　（　　　　　　　）
주27. 琢磨　（　　　　　　　）
주28. 缺乏　（　　　　　　　）
주29. 抗訴　（　　　　　　　）
주30. 伯仲　（　　　　　　　）

※ 〈보기〉의 뜻을 참고하여 ○ 안에 공통으로 들어갈 한자를 쓰시오.

주31. (1) ○送　　　　(2) 付○　（　　　　　）

〈보기〉	(1) 남에게 부탁하여 물건을 보냄. (2) 어떤 일을 해 달라고 청하거나 맡김.

주32. (1) 汎○　　　　(2) ○獲　（　　　　　）

〈보기〉	(1) 물이 차서 넘쳐흐름. (2) 짐승이나 물고기 따위를 마구 잡음.

주33. (1) ○待　　　　(2) ○然　（　　　　　）

〈보기〉	(1) 푸대접. (2) 뜻하지 아니하게 갑자기.

※ ○ 안에 공통으로 들어갈 한자를 〈보기〉에서 찾아 쓰시오.

〈보기〉	牙　恐　換　者　誘　濃　泊

주34. ○度　　○縮　　○密　（　　　　　）
주35. 象○　　○城　　爪○　（　　　　　）
주36. ○惑　　勸○　　○導　（　　　　　）
주37. ○氣　　交○　　○錢　（　　　　　）

※ 문장에서 잘못 쓴 한자를 바르게 고쳐 쓰시오. (단, 음이 같은 한자로 고칠 것)

주38. 일신상의 이유로 입사 한 달 만에 射表를 제출하였다.　（　　　→　　　）

주39. 새벽 안개를 헤치며 첫 기차의 汽的 소리가 어득하게 들려왔다.　（　　　→　　　）

주40. 이번 명절 選物로 무엇이 좋을까?　（　　　→　　　）

※ [   ]안 한자어의 독음을 한글로 쓰시오.

주41. 교정시설 과밀수용 해소를 위해 [假釋放] 확대 정책이 추진되기도 한다.
(   )

주42. 고용통계는 [失業率], 비정규직비율, 경제활동참가율 등을 종합적으로 비교, 분석해야 한다.
(   )

주43. 이번 임시회에서는 추경예산안과 각종 안건에 대해 [審議]·의결하였다.(   )

주44. 작년도 [社會指標] 중 노동 부문에서 월평균 근로시간은 1시간 12분 감소한 것으로 나타났다.
(   )

주45. [實質賃金]은 노동자의 구매력과도 연관이 있다.
(   )

주46. 당국은 국군 [捕虜]의 안전한 송환을 위해 외교적 절차를 마련하기로 하였다.
(   )

주47. [徹底]한 검사를 통해 제품의 불량률을 줄였다.
(   )

주48. 그는 자신의 주장을 [撤回]하였다.
(   )

주49. 우리 사회는 음주에 대해 비교적 [寬大]한 편이다.
(   )

주50. 우리는 만장일치로 그를 회장으로 [推戴]하였다.
(   )

주51. 여유자금을 은행에 [預置]하였다.
(   )

주52. 화려한 [衣裳]을 입고 무대 위로 올라왔다.
(   )

주53. 직장 [同僚]들과 주말 산행을 계획했다.
(   )

주54. 목표 [完遂]를 위하여 최선을 다했다.
(   )

주55. 인사동에서 오래된 도자기의 [鑑定]을 받았다.
(   )

※ [   ]안의 단어를 한자로 쓰시오.

주56. "[박수]칠 때 떠나라"는 말이 있다.
(   )

주57. [항간]에 떠돌던 소문이 사실로 밝혀졌다.
(   )

주58. 아이들이 [명랑]하게 웃는 것을 보니 나도 웃음이 지어졌다.
(   )

주59. [편협]한 사고방식에서 벗어나야 한다.
(   )

주60. 연말연시를 맞아 상점마다 대규모 [할인] 행사가 진행 중이다.
(   )

주61. 국경일인 오늘은 마을 곳곳에 태극기가 [게양]되어 있다.
(   )

주62. 상례 절차가 시대 흐름에 맞추어 많이 [간소]해졌다.
(   )

주63. 쓸데없는 군짓을 하여 도리어 잘못되게 함을 일러 [사족]이라 한다.
(   )

주64. 소비자의 [수요]가 많으면 시장 가격이 오르는 경향이 있다.
(   )

주65. 그는 구차하게 목숨을 [구걸]하지 않았다.
(   )

※ 한자성어의 설명을 읽고 ○ 안에 들어갈 한자를 차례대로 쓰시오.

주66. 賊 反 ○○
(,   )

[적반하장] 잘못한 사람이 아무 잘못도 없는 사람을 나무람을 이르는 말

주67. ○ 齒 ○ 心
(,   )

[절치부심] 몹시 분하여 이를 갈며 속을 썩임.

주68. 含 ○ ○ 怨
(,   )

[함분축원] 분한 마음을 품고 원한을 쌓음

주69. ○○ 之 功
(,   )

[형설지공] 고생을 하면서 부지런하고 꾸준하게 공부함.

주70. 一 ○ 卽 ○
(,   )

[일촉즉발] 한 번 건드리기만 해도 폭발할 것 같이 몹시 위급한 상태.

– 수고하셨습니다 –

객관식 (1~30번)

※ [   ]안의 한자와 음이 같은 한자는?

1. [戚] ① 飾　② 弑　③ 斥　④ 宋
2. [凰] ① 胃　② 荒　③ 彩　④ 膏
3. [誇] ① 瓜　② 旭　③ 懼　④ 緩
4. [據] ① 趙　② 堯　③ 棄　④ 距
5. [播] ① 旺　② 頗　③ 喆　④ 謬

※ [   ]안의 한자와 뜻이 비슷하거나 같은 한자는?

6. [怠] ① 琪　② 脅　③ 慢　④ 鬼
7. [崩] ① 廬　② 脂　③ 兢　④ 壞
8. [倣] ① 模　② 凱　③ 爛　④ 淵

※ [   ]안의 한자와 뜻이 반대되거나 상대되는 한자는?

9. [僞] ① 眞　② 途　③ 巫　④ 徙
10. [劣] ① 招　② 託　③ 蜀　④ 優
11. [燥] ① 晧　② 潮　③ 濕　④ 釜

※ 〈보기〉의 단어들과 가장 관련이 깊은 한자는?

12.

〈보기〉	총	활	올가미

　　① 虛　② 獵　③ 玲　④ 寵

13.

〈보기〉	식초	레몬	산성

　　① 勝　② 隊　③ 酸　④ 憫

14.

〈보기〉	포도	사탕수수	탄수화물

　　① 幹　② 庸　③ 遷　④ 糖

※ 다음 중 한자어의 독음이 바르지 **않은** 것은?

15. ① 襲擊 : 습격　② 桃李 : 조리
    ③ 遮陽 : 차양　④ 哨所 : 초소
16. ① 奇蹟 : 기책　② 徵收 : 징수
    ③ 屈折 : 굴절　④ 結核 : 결핵
17. ① 殊常 : 수상　② 侯爵 : 후작
    ③ 悲劇 : 비거　④ 寡聞 : 과문

※ [   ]안의 단어를 한자로 알맞게 쓴 것은?

18. 국가발전에 이바지한 공로로 [**표창**]을 받았다.
    ① 表昌　② 表滄　③ 表暢　④ 表彰
19. 잠버릇이 험한 그는 곧잘 [**침대**] 밑으로 굴러떨어진다.
    ① 寢臺　② 寢隊　③ 寢袋　④ 寢帶
20. 그는 소장품을 박물관에 [**기증**]하였다.
    ① 寄症　② 寄贈　③ 寄蒸　④ 寄證

※ 주어진 뜻에 알맞은 한자어는?

21. 기업의 순이익에서 외부에 유출되는 부분을 뺀 나머지 금액.
    ① 內部留保　② 內部類保
    ③ 內部類補　④ 內部留補
22. 당사국 사이의 외교교섭 결과 서로 양해된 내용을 확인·기록하기 위해 정식계약 체결에 앞서 행하는 문서로 된 합의.
    ① 諒解各書　② 諒該覺書
    ③ 諒該各書　④ 諒解覺書
23. 집에 회사와 통신 회선으로 연결된 정보 통신 기기를 설치하여 놓고 집에서 회사의 업무를 봄.
    ① 在擇勸務　② 在擇勤務
    ③ 在宅勤務　④ 在宅勸務
24. 조선 정조 즉위년(1776)에 설치한 왕실 도서관.
    ① 成均館　② 奎章閣
    ③ 國子監　④ 議政府
25. 상품의 가격을 구성하는 제비용이나 이익의 합계.
    ① 價格求成　② 價格構成
    ③ 價隔構成　④ 價隔求成

※ [   ]안에 들어갈 한자어로 알맞은 것은?

26. 우리나라의 [   ]은/는 주로 생계형 범죄나 혹은 도로교통법 사범에 대한 것이 많은 편이다.
    ① 一般赦免　② 固定評價
    ③ 強制分家　④ 間接正犯
27. 대수심 항만을 보유한 나라가 [   ] 경쟁에서 우위를 차지할 수 있다.
    ① 競爭入札　② 輸入代行
    ③ 公正貿易　④ 國際物流
28. 정보 통신의 발달로 [   ]이/가 급증하였다.
    ① 發起設立　② 見本割引
    ③ 電子商去來　④ 內國民待遇
29. 신제품 출시에 대한 [   ]로 기업의 주가가 일시적으로 상승했다.
    ① 基準換率　② 期待效果
    ③ 價格效果　④ 價格告示
30. 평균임금이 통상임금에 미달할 경우, 통상임금을 기준으로 [   ]을 산정해야 한다.
    ① 實質賃金　② 加算金
    ③ 內部資金　④ 退職金

주관식 (주1~주70번)

※ 다음 한자의 훈(뜻)과 음(소리)을 한글로 쓰시오.

주1. 靴　　（　　　　　）
주2. 絞　　（　　　　　）
주3. 熙　　（　　　　　）
주4. 唆　　（　　　　　）
주5. 鍛　　（　　　　　）
주6. 閨　　（　　　　　）
주7. 替　　（　　　　　）
주8. 壹　　（　　　　　）

※ 다음 훈과 음에 맞는 한자를 〈보기〉에서 찾아 쓰시오.

〈보기〉	矢 矛 僻 猛 軸 輿 懲 粟 閨 闕 肩 慰

주9. 안방　　　규　　（　　　　　）
주10. 수레　　　여　　（　　　　　）
주11. 사나울　　맹　　（　　　　　）
주12. 조　　　　속　　（　　　　　）
주13. 어깨　　　견　　（　　　　　）
주14. 후미질　　벽　　（　　　　　）
주15. 화살　　　시　　（　　　　　）

※ 다음 한자어의 독음을 한글로 쓰시오.

주16. 觸媒劑　（　　　　　）
주17. 噴霧　　（　　　　　）
주18. 鞍馬　　（　　　　　）
주19. 船舶　　（　　　　　）
주20. 宰相　　（　　　　　）
주21. 煉乳　　（　　　　　）
주22. 押留　　（　　　　　）
주23. 埋葬　　（　　　　　）
주24. 侍衛　　（　　　　　）
주25. 隱蔽　　（　　　　　）
주26. 抄本　　（　　　　　）
주27. 輔弼　　（　　　　　）
주28. 靈芝　　（　　　　　）
주29. 約款　　（　　　　　）
주30. 身柄　　（　　　　　）

※ 〈보기〉의 뜻을 참고하여 ○ 안에 공통으로 들어갈 한자를 쓰시오.

주31. (1) 惡○　　　　(2) 口○　　　（　　　　　）

〈보기〉	(1) 나쁜 냄새. (2) 입에서 나는 좋지 아니한 냄새.

주32. (1) ○降　　　　(2) 潤○　　　（　　　　　）

〈보기〉	(1) 비탈진 곳을 미끄러져 내려오거나 내려감. (2) 기름기나 물기가 있어 뻑뻑하지 아니하고 매끄러움.

주33. (1) ○冬　　　　(2) 超○　　　（　　　　　）

〈보기〉	(1) 겨울을 넘김. (2) 어떠한 한계나 표준을 뛰어넘음.

※ ○ 안에 공통으로 들어갈 한자를 〈보기〉에서 찾아 쓰시오.

〈보기〉	牡　割　綿　酌　幅　廟　透

주34. 全○　　步○　　廣○　　　（　　　　　）
주35. 參○　　對○　　無○定　（　　　　　）
주36. ○增　　分○　　○賦　　（　　　　　）
주37. ○明　　浸○　　○徹　　（　　　　　）

※ 문장에서 잘못 쓴 한자를 바르게 고쳐 쓰시오.
（단, 음이 같은 한자로 고칠 것）

주38. 목격자는 사고 당시의 狀皇을 자세히 설명하였다.
　　　　　　　　　　（　　　→　　　）

주39. 통행량이 증가하여 도로를 4차선으로 確張했다.
　　　　　　　　　　（　　　→　　　）

주40. 이 문제는 諫單히 해결할 수 있다.
　　　　　　　　　　（　　　→　　　）

※ [   ]안 한자어의 독음을 한글로 쓰시오.

주41. 미국의 경제가 회복되면서 달러화의 [反騰]이 예상된다. (   )

주42. [創立總會]에는 많은 시민 주주들이 참여한 가운데 열띤 분위기 속에서 진행되었다. (   )

주43. 이번 인사에서 실장으로 [昇級]하였다. (   )

주44. [延面積]은 지상층은 물론 지하층, 주차장 시설 등을 모두 포함한다. (   )

주45. 조선조의 [畿湖學派]는 영남학파와 쌍벽을 이루었다. (   )

주46. [揷畫]를 보니 내용을 이해하기 쉬웠다. (   )

주47. 임금을 [謁見]하기 위해 입궐하였다. (   )

주48. 흡연의 피해사례가 [屢次]에 걸쳐 보도되고 있다. (   )

주49. 경쟁업체의 [毁謗]으로 행사가 무산되었다. (   )

주50. [抑壓]과 핍박을 꿋꿋이 견뎌내었다. (   )

주51. 외부인의 출입이 [封鎖]되었다. (   )

주52. 우리나라 역사에 대하여 [自矜心]을 느낀다. (   )

주53. 명단에 내 이름이 [漏落]된 사실을 알았다. (   )

주54. 증인이 증언을 [飜覆]하여 재판에 큰 영향을 주었다. (   )

주55. 안전 수칙을 [遵守]해야 한다. (   )

※ [   ]안의 단어를 한자로 쓰시오.

주56. 돼지가 집 안으로 들어오는 [길몽]을 꾸었다. (   )

주57. 첫사랑에 대한 가슴 아픈 [상흔]이 여전히 남아 있다. (   )

주58. 과분한 [칭찬]에 몸 둘 바를 몰랐다. (   )

주59. 국민의 [신뢰]를 얻지 못하는 정책은 실효를 거둘 수 없다. (   )

주60. 대화 중에 무심결에 [비속]한 말을 내뱉었다가 곧 후회하였다. (   )

주61. 남몰래 봉사활동을 해온 소년의 행동이 신통하고 [가상]하다. (   )

주62. 그는 울타리 아래 피어난 작은 [국화]를 응시하였다. (   )

주63. 그녀는 동생과 설 명절 귀향을 위해 두 장의 기차표를 [예매]했다. (   )

주64. 그녀는 [접영] 100미터 결승에서 한국 신기록을 세웠다. (   )

주65. 수명이 다한 [형광등]을 교체하였다. (   )

※ 한자성어의 설명을 읽고 ○ 안에 들어갈 한자를 차례대로 쓰시오.

주66. ○ 和 ○ 同 (,   )

[부화뇌동] 줏대 없이 남의 의견에 따라 움직임.

주67. ○ 田 鬪 ○ (,   )

[이전투구] 자기의 이익을 위하여 비열하게 다툼.

주68. ○ 牛 充 ○ (,   )

[한우충동] 가지고 있는 책이 매우 많음.

주69. ○ ○ 術 數 (,   )

[권모술수] 목적 달성을 위하여 수단과 방법을 가리지 아니하는 온갖 모략이나 술책.

주70. ○ 骨 奪 ○ (,   )

[환골탈태] 사람이 보다 나은 방향으로 변하여 전혀 딴사람처럼 됨.

– 수고하셨습니다 –

한자실력급수 자격시험 **2**급 연습문제 〈5〉

객관식 (1~30번)

※ [　]안의 한자와 음이 같은 한자는?
1. [慘] ① 斬　② 吏　③ 盾　④ 帛
2. [畢] ① 薛　② 甫　③ 昧　④ 匹
3. [埋] ① 積　② 媒　③ 杓　④ 招
4. [麗] ① 雉　② 栽　③ 慮　④ 趙
5. [需] ① 型　② 耕　③ 搜　④ 措

※ [　]안의 한자와 뜻이 비슷하거나 같은 한자는?
6. [誓] ① 暢　② 盟　③ 匪　④ 扁
7. [碍] ① 秉　② 魄　③ 婢　④ 障
8. [勵] ① 勉　② 役　③ 頗　④ 荷

※ [　]안의 한자와 뜻이 반대되거나 상대되는 한자는?
9. [裏] ① 表　② 姜　③ 誦　④ 架
10. [怠] ① 址　② 勤　③ 凱　④ 哨
11. [添] ① 兢　② 弼　③ 麒　④ 削

※ 〈보기〉의 단어들과 가장 관련이 깊은 한자는?

12.
〈보기〉	바다	삼투압	염전

① 堤　② 侶　③ 鹽　④ 懇

13.
〈보기〉	씨름판	바닷가	사하라

① 操　② 寡　③ 沙　④ 迅

14.
〈보기〉	돌	알파고	자충수

① 盧　② 棋　③ 尋　④ 舒

※ 다음 중 한자어의 독음이 바르지 <u>않은</u> 것은?
15. ① 戚臣 : 척신　② 憎惡 : 증오
　　③ 遞增 : 체증　④ 窮僻 : 궁피
16. ① 偵探 : 염탐　② 擴張 : 확장
　　③ 按舞 : 안무　④ 賦與 : 부여
17. ① 駐屯 : 주돈　② 遵守 : 준수
　　③ 中尉 : 중위　④ 初俸 : 초봉

※ [　]안의 단어를 한자로 알맞게 쓴 것은
18. 화석연료를 대신할 [대체] 에너지 개발이 시급하다.
　　① 代締　② 代替　③ 代逮　④ 代滯
19. 무분별한 산업개발은 환경파괴를 [수반]한다.
　　① 隨叛　② 隨班　③ 隨伴　④ 隨盤
20. 사태가 악화되는 것을 더 이상 [방관]할 수 없었다.
　　① 龐觀　② 肪觀　③ 邦觀　④ 傍觀

※ 주어진 뜻에 알맞은 한자어는?
21. 특정 연령의 생존자가 앞으로 더 살 수 있을 것으로 기대되는 평균 생존연수.
　　① 基待壽命　　② 企對壽命
　　③ 基對壽命　　④ 企待壽命
22. 일정한 법률 효과의 발생을 목적으로 두 사람의 의사를 표시함.
　　① 契約　② 契略　③ 計略　④ 計約
23. 생체 내의 조직이나 세포가 부분적으로 죽음.
　　① 卽死　② 廢死　③ 壞死　④ 變死
24. 법원이나 국회 등에서, 법률에 의하여 선서를 한 증인이 고의로 허위 진술을 함으로써 성립하는 죄.
　　① 委證罪　　② 僞證罪
　　③ 委贈罪　　④ 僞贈罪
25. 학생의 학습 과제 수행 과정 및 결과를 직접 관찰하여 그 관찰 결과를 전문적으로 판단하는 일.
　　① 教授評價　　② 遂行評價
　　③ 形成評價　　④ 固定評價

※ [　]안에 들어갈 한자어로 알맞은 것은?
26. [　　] 설정은 임대인의 동의가 반드시 필요하다.
　　① 地域權　　② 日照權
　　③ 傳貰權　　④ 監視權
27. 일반적으로 [　　] 내의 매수 호가는 높고 매도 호가는 낮다.
　　① 內部理事　　② 內部留保
　　③ 內部要因　　④ 內部市場
28. 그는 투자를 앞두고 해당 기업의 재무상태표를 보고 [　　]까지 마쳤다.
　　① 安全性分析　　② 家計調査
　　③ 調整計定　　④ 技術的分析
29. [　　]을/를 통해 학생이 일상에서 당면하는 다양한 문제를 해결할 수 있는 능력을 길러줄 수 있다.
　　① 生活指導　　② 間接證據
　　③ 保護觀察　　④ 社會指標
30. [　　](으)로 인해 많은 문화재가 약탈당하거나 불타버렸다.
　　① 乙巳條約　　② 三國遺事
　　③ 壬辰倭亂　　④ 江華島條約

※ 다음 한자의 훈(뜻)과 음(소리)을 한글로 쓰시오.

주1. 纖 (   )
주2. 遮 (   )
주3. 蹴 (   )
주4. 睡 (   )
주5. 藏 (   )
주6. 穫 (   )
주7. 鄰 (   )
주8. 禍 (   )

※ 다음 훈과 음에 맞는 한자를 〈보기〉에서 찾아 쓰시오.

〈보기〉	禾 紫 塵 肅 淫 泥 滴 粒 幹 酸 醉 憐

주9. 벼 화 (   )
주10. 불쌍할 련 (   )
주11. 술취할 취 (   )
주12. 낟알 립 (   )
주13. 줄기 간 (   )
주14. 진흙 니 (   )
주15. 티끌 진 (   )

※ 다음 한자어의 독음을 한글로 쓰시오.

주16. 汚染 (   )
주17. 陵蔑 (   )
주18. 緩慢 (   )
주19. 顚覆 (   )
주20. 楊貴妃 (   )
주21. 綿密 (   )
주22. 義捐 (   )
주23. 潛跡 (   )
주24. 帳簿 (   )
주25. 碧眼 (   )
주26. 南怡 (   )
주27. 口臭 (   )
주28. 匿名 (   )
주29. 俱現 (   )
주30. 狹軌 (   )

※ 〈보기〉의 뜻을 참고하여 ○ 안에 공통으로 들어갈 한자를 쓰시오.

주31. (1) ○信   (2) 昏○   (   )

〈보기〉	(1) 과학적·합리적 근거가 없는 것을 맹목적으로 믿음. (2) 의식이 흐림. 또는 그런 상태.

주32. (1) ○勢   (2) 歸○   (   )

〈보기〉	(1) 어떤 현상이 일정한 방향으로 나아가는 경향. (2) 일이 되어 가는 형편.

주33. (1) 決○   (2) ○量   (   )

〈보기〉	(1) 결정할 권한이 있는 상관이 부하가 제출한 안건을 검토하여 허가하거나 승인함. (2) 자기의 생각과 판단에 따라 일을 처리 함.

※ ○ 안에 공통으로 들어갈 한자를 〈보기〉에서 찾아 쓰시오.

〈보기〉	苟 屑 巧 陷 漫 贈 迫

주34. ○穽   缺○   ○沒   (   )
주35. ○畫   散○   ○談   (   )
주36. 精○   ○妙   技○   (   )
주37. 驅○   ○力   脅○   (   )

※ 문장에서 잘못 쓴 한자를 바르게 고쳐 쓰시오. (단, 음이 같은 한자로 고칠 것)

주38. 정기적인 건강 檢鎭은 반드시 필요하다.
(→   )

주39. 값비싼 자기가 깨지지 않도록 運返에 주의해 달라고 신신당부하였다. (→   )

주40. 경기 불황으로 사업의 규모가 蓄小되었다.
(→   )

※ [   ]안 한자어의 독음을 한글로 쓰시오.

주41. 비자를 발급받기 위해 까다로운 [審査]를 거쳐야 했다.　（　　　　）

주42. 흥선대원군은 쇄국 의지를 강력하게 드러내는 [斥和碑]를 세웠다.　（　　　　）

주43. 그 회사는 기존 공장 일부를 [改築]하였다.　（　　　　）

주44. [特別徵收]의 대표적 세목에는 주민세가 있다.　（　　　　）

주45. 그녀는 자신에게 악성 댓글을 남긴 누리꾼들을 [告訴]하였다.　（　　　　）

주46. 삼십 년 만에 모국을 찾아온 그는 깊은 [感懷]에 젖었다.　（　　　　）

주47. 단숨에 기선을 [制壓]하였다.　（　　　　）

주48. [虛飢]가 져서 아무 일도 할 수가 없었다.　（　　　　）

주49. 약물을 [濫用]하면 건강을 해칠 수 있다.　（　　　　）

주50. 초가집 주위에 심은 대나무가 [韻致]를 더했다.　（　　　　）

주51. 노사의 주장이 서로 [尖銳]하게 대립하였다.　（　　　　）

주52. 혈액이 잘 [循環]되지 않으면 손발이 차가워질 수 있다.　（　　　　）

주53. 그가 여러 책을 보고 적은 [抄錄]은 일목요연했다.　（　　　　）

주54. 해외 배낭여행 중 [橫厄]을 만나 몹시 고생했다.　（　　　　）

주55. 이곳은 정부종합[廳舍]로 가는 입구이다.　（　　　　）

※ [   ]안의 단어를 한자로 쓰시오.

주56. 성적이 [부진]했던 이유를 분석하여 개선 방안을 모색하였다.　（　　　　）

주57. 그는 [주옥]같은 명곡을 많이 남겼다.　（　　　　）

주58. 지나친 빈부 [격차]는 사회 갈등을 초래한다.　（　　　　）

주59. 연말이 다가오자 [임금] 협상이 진행되었다.　（　　　　）

주60. 담당자의 [착오]로 문제가 발생하였다.　（　　　　）

주61. 어깨가 축 늘어진 그의 뒷모습이 [측은]해 보였다.　（　　　　）

주62. 태아는 모체로부터 영양분을 [섭취]한다.　（　　　　）

주63. 배트에 부딪힌 공이 [수직]으로 치솟았다.　（　　　　）

주64. 할머니께서 나의 [태몽]에 대해 말씀해주셨다.　（　　　　）

주65. [환상]에서 벗어나 현실을 직시해야 한다.　（　　　　）

※ 한자성어의 설명을 읽고 〇 안에 들어갈 한자를 차례대로 쓰시오.

주66. 〇〇之苦　（　　，　　）

[도탄지고] 진구렁에 빠지고 숯불에 타는 듯한 고생.

주67. 〇霜孤〇　（　　，　　）

[오상고절] 서릿발 속에서도 꽃을 피우는 국화. 또는 절개를 지키는 충신.

주68. 〇海一〇　（　　，　　）

[창해일속] 아주 많거나 넓은 것 가운데 있는 매우 하찮고 작은 것.

주69. 〇強附〇　（　　，　　）

[견강부회] 사리에 맞지 않는 말을 억지로 끌어 붙여 자신에게 유리하게 함.

주70. 天衣〇〇　（　　，　　）

[천의무봉] 일부러 꾸민 데 없이 자연스럽고 아름다우면서 완전함.

- 수고하셨습니다 -

한자실력급수 자격시험 **2급** 연습문제 〈6〉

객관식 (1~30번)

※ [　]안의 한자와 음이 같은 한자는?

1. [獄] ① 旱　② 亢　③ 腸　④ 屋
2. [違] ① 逝　② 敏　③ 慰　④ 母
3. [愧] ① 壞　② 峴　③ 隻　④ 龐
4. [豫] ① 祐　② 譽　③ 爛　④ 歎
5. [殊] ① 殉　② 誓　③ 奭　④ 雖

※ [　]안의 한자와 뜻이 비슷하거나 같은 한자는?

6. [墮] ① 落　② 繕　③ 碩　④ 鬼
7. [奢] ① 塘　② 孃　③ 侈　④ 契
8. [勳] ① 踊　② 功　③ 廬　④ 惻

※ [　]안의 한자와 뜻이 반대되거나 상대되는 한자는?

9. [奪] ① 庵　② 就　③ 與　④ 款
10. [寢] ① 虐　② 起　③ 牧　④ 雄
11. [衰] ① 粒　② 兪　③ 捨　④ 盛

※ 〈보기〉의 단어들과 가장 관련이 깊은 한자는?

12.

〈보기〉	운동	단백질	스트레칭

　① 筋　② 攣　③ 昭　④ 雌

13.

〈보기〉	사격	탄환	방아쇠

　① 銃　② 歐　③ 捐　④ 鍛

14.

〈보기〉	찌	떡밥	월척

　① 關　② 釣　③ 賦　④ 趨

※ 다음 중 한자어의 독음이 바르지 않은 것은?

15. ① 遞增 : 체증　② 戚臣 : 척신
　③ 八卦 : 팔복　④ 擴張 : 확장
16. ① 珠算 : 주산　② 庸劣 : 용렬
　③ 折衷 : 절충　④ 綱領 : 망령
17. ① 傲氣 : 방기　② 雁陳 : 안진
　③ 輕蔑 : 경멸　④ 狹隘 : 협애

※ [　]안의 단어를 한자로 알맞게 쓴 것은?

18. 애절한 사연은 사람들의 [심금]을 울렸다.
　① 心禽　② 心禁　③ 心琴　④ 心錦
19. 공을 세운 신하에게 말 한 필을 [하사] 하였다.
　① 下飼　② 下賜　③ 下赦　④ 下徙
20. 권력남용을 막기 위한 [견제] 장치로 삼권분립
　이 존재한다.
　① 絹制　② 遣制　③ 肩制　④ 牽制

※ 주어진 뜻에 알맞은 한자어는?

21. 조선왕조 말에 흥선대원군이 양이를 배척할 것을
　새기어 서울과 지방 각처에 세운 비석.
　① 斥和備　　② 斥華碑
　③ 斥華備　　④ 斥和碑
22. 수출할 것을 목적으로 상품을 수입하여 가공하지
　않고 원형 그대로 제3국에 수출하여 수출입차액
　을 취득하는 거래형태.
　① 中繼貿易　　② 中繼務易
　③ 中繼務役　　④ 中繼貿役
23. 적의 침략이나 천재지변 따위로 인한 피해를 막기 위
　해 민간인이 주축이 되어 행하는 비군사적 방어 행위.
　① 民邦衛　　② 民防衛
　③ 民邦偉　　④ 民防偉
24. 급박한 위난을 피하기 위하여 부득이 남에게 손
　해를 입히는 행위.
　① 緊及僻難　　② 緊及避難
　③ 緊急避難　　④ 緊急僻難
25. 외환 시세에서, 어느 한 나라의 통화와의 관계가
　다른 외환 시세의 기준이 되는 환율.
　① 期遵換率　　② 基遵換率
　③ 基準換率　　④ 期準換率

※ [　]안에 들어갈 한자어로 알맞은 것은?

26. 그는 매일 관심을 둔 주식의 주가 차트와 거래량을
　보면서 [　　　]을/를 하고 기록을 남겼다.
　① 技術的分析　　② 人事管理
　③ 職務分析　　④ 購買管理
27. 고발제와 연좌제의 성격을 지닌 [　　　]은 강력
　한 통제 수단이기도 하였다.
　① 公正去來法　　② 五家作統法
　③ 事例研究法　　④ 奴婢按檢法
28. 무분별한 카드 사용은 [　　　]을 높이는 지름길이다.
　① 強制保險　　② 輸出保險
　③ 價格危險　　④ 信用危險
29. 그녀는 구입한 제품 하단에 [　　　]가 있는 것
　을 확인했다.
　① 産地都買　　② 檢字表示
　③ 共同出荷　　④ 間接廣告
30. [　　　]이 버스에서 난동을 부린 승객을 현행범
　으로 체포하였다.
　① 雇傭　② 警察　③ 管轄　④ 大衆

주관식 (주1~주70번)

※ 다음 한자의 훈(뜻)과 음(소리)을 한글로 쓰시오.

주1. 燕　（　　　　　）
주2. 摘　（　　　　　）
주3. 蠶　（　　　　　）
주4. 獸　（　　　　　）
주5. 竊　（　　　　　）
주6. 墳　（　　　　　）
주7. 却　（　　　　　）
주8. 拙　（　　　　　）

※ 다음 훈과 음에 맞는 한자를 〈보기〉에서 찾아 쓰시오.

〈보기〉	兔 晏 崩 腎 叫 汗 洲 曉 靴 鞭 蜂 臟

주9. 벌　　봉　（　　　　　）
주10. 토끼　　토　（　　　　　）
주11. 콩팥　　신　（　　　　　）
주12. 무너질　　붕　（　　　　　）
주13. 가죽신　　화　（　　　　　）
주14. 새벽　　효　（　　　　　）
주15. 땀　　한　（　　　　　）

※ 다음 한자어의 독음을 한글로 쓰시오.

주16. 佐郎　（　　　　　）
주17. 類似　（　　　　　）
주18. 悽慘　（　　　　　）
주19. 硏尋　（　　　　　）
주20. 顯沒　（　　　　　）
주21. 編輯　（　　　　　）
주22. 捕獲　（　　　　　）
주23. 喉頭　（　　　　　）
주24. 催促　（　　　　　）
주25. 陷溺　（　　　　　）
주26. 榮耀　（　　　　　）
주27. 橫死　（　　　　　）
주28. 混濁　（　　　　　）
주29. 飢渴　（　　　　　）
주30. 懸垂幕　（　　　　　）

※ 〈보기〉의 뜻을 참고하여 ○ 안에 공통으로 들어갈 한자를 쓰시오.

주31. (1) 拜○　　　(2) ○見　（　　　　　）

〈보기〉	(1) 지위가 높거나 존경하는 사람을 찾아가 뵘. (2) 지체 높은 사람을 찾아뵙는 일.

주32. (1) 啓○　　　(2) ○塵　（　　　　　）

〈보기〉	(1) 지식수준이 낮거나 인습에 젖은 사람을 가르쳐서 깨우침. (2) 임금이 난리를 피하여 안전한 곳으로 떠남.

주33. (1) 阿○　　　(2) ○着　（　　　　　）

〈보기〉	(1) 짐승의 가죽, 힘줄, 뼈 따위를 진하게 고아서 굳힌 끈끈한 것. (2) 아주 단단히 달라붙음. 또는 어떤 상태가 굳어 조금도 변동이나 진전이 없음.

※ ○ 안에 공통으로 들어갈 한자를 〈보기〉에서 찾아 쓰시오.

〈보기〉	旨 審 凍 柏 幹 廉 迅

주34. 淸○　　○恥　　低○　（　　　　　）
주35. ○議　　誤○　　○査　（　　　　　）
주36. ○事　　根○　　○部　（　　　　　）
주37. 解○　　冷○　　○傷　（　　　　　）

※ 문장에서 잘못 쓴 한자를 바르게 고쳐 쓰시오. (단, 음이 같은 한자로 고칠 것)

주38. 그녀는 재미較胞와 결혼하였다.
　　　　　　　　　　（　　　→　　　）

주39. 멀리 찾아와 준 貴彬에게 융숭하게 대접했다.
　　　　　　　　　　（　　　→　　　）

주40. 그는 悟名으로 치욕스러운 삶보다는 명예로운 죽음을 선택하였다.　（　　　→　　　）

※ [   ]안 한자어의 독음을 한글로 쓰시오.

주41. [強迫] 장애의 흔한 증상으로는 더러운 것이나 병에 오염되는 것에 대해 극도로 두려워하는 것이다. (   )

주42. 법률에 의하여 선서한 후 허위 진술을 하면 [僞證罪]가 성립된다. (   )

주43. [奎章閣]에 있던 상당수의 문화재가 해외로 유출되었다. (   )

주44. 고흐의 유작이 경매에서 최고가로 [落札]되었다. (   )

주45. 그는 [裁判]에서 승소함으로써 명예를 회복했다. (   )

주46. "농담으로 한 말이니 너무 [掛念]치 말아라." (   )

주47. 은행으로부터 사업자금을 [融資]받았다. (   )

주48. [斬新]한 인재를 물색 중이다. (   )

주49. 오늘따라 그녀의 신발이 [惟獨] 눈에 띄었다. (   )

주50. 시장은 사람들 떠드는 소리로 [騷亂]스러웠다. (   )

주51. [傍聽客]들이 지켜보는 가운데 재판이 시작되었다. (   )

주52. 내 집에 오신 손님을 [忽待]해서는 안 된다. (   )

주53. 자동차의 [變遷]과정을 한눈에 볼 수 있는 전시회가 열렸다. (   )

주54. 계획한 일을 중도에 [抛棄]할 수는 없다. (   )

주55. 잔해에서 방화로 추정되는 [痕跡]들이 발견되었다. (   )

※ [   ]안의 단어를 한자로 쓰시오.

주56. 솔개 한 마리가 [창공]을 가로지르며 날아갔다. (   )

주57. 그녀의 [화장]을 하지 않은 민낯도 고운 얼굴이었다. (   )

주58. 예불이 진행되자 [목탁] 소리가 사찰 안에 울려 퍼졌다. (   )

주59. 음식물의 [부패]를 막기 위해 밀폐 용기에 담았다. (   )

주60. 신문에 [연재]되었던 만화를 책으로 엮어 출간하였다. (   )

주61. 시사와 정치에 대한 견해의 차이로 친구와 의견 [충돌]이 있었다. (   )

주62. [완행] 열차를 타고 여행을 떠났다. (   )

주63. [금강산]도 식후경. (   )

주64. 소상공인의 [영세]한 자본으로는 대기업과 경쟁하기 어렵다. (   )

주65. 신속한 응급[조치]로 환자의 생명을 구할 수 있었다. (   )

※ 한자성어의 설명을 읽고 ○ 안에 들어갈 한자를 차례대로 쓰시오.

주66. 一 ○ 相 ○ (,   )

[일맥상통] 사그방식, 상태, 성질 따위가 서로 통하거나 비슷해짐.

주67. ○ 入 佳 ○ (,   )

[점입가경] 갈수록 점점 재미가 있음. 또는 시간이 지날수록 하는 짓이나 몰골이 더욱 꼴불견임.

주68. ○ 門 ○ 出 (,   )

[두문불출] 집에만 틀어박혀 사회의 일이나 관직에 나아가지 않음.

주69. ○ ○ 風 月 (,   )

[당구풍월] 해당 분야에 대하여 경험과 지식이 전혀 없는 사람이라도 오래 보고 듣다 보면 얼마간의 경험과 지식을 가짐.

주70. 夫 ○ 婦 ○ (,   )

[부창부수] 남편이 주장하고 아내가 이에 잘 따름.

- 수고하셨습니다 -

한자실력급수 자격시험 **2급** 연습문제 〈7〉

객관식 (1~30번)

※ [　]안의 한자와 음이 같은 한자는?
1. [臭] ① 屆　② 纖　③ 炊　④ 砲
2. [訴] ① 昭　② 釋　③ 撒　④ 漂
3. [賜] ① 循　② 徙　③ 幷　④ 繫
4. [途] ① 淳　② 皓　③ 濁　④ 禱
5. [躍] ① 漠　② 弼　③ 弱　④ 桑

※ [　]안의 한자와 뜻이 비슷하거나 같은 한자는?
6. [陷] ① 衍　② 鉉　③ 寬　④ 沒
7. [瑕] ① 怠　② 疵　③ 龐　④ 施
8. [疆] ① 界　② 謹　③ 牧　④ 毘

※ [　]안의 한자와 뜻이 반대되거나 상대되는 한자는?
9. [剛] ① 賴　② 柔　③ 刺　④ 勵
10. [遲] ① 速　② 蛇　③ 柄　④ 穫
11. [昇] ① 倦　② 俊　③ 箱　④ 降

※ 〈보기〉의 단어들과 가장 관련이 깊은 한자는?

12.
〈보기〉	참새	독수리	까치

　① 麒　② 桂　③ 禽　④ 伯

13.
〈보기〉	겨울	영하	고드름

　① 泊　② 噴　③ 擇　④ 凍

14.
〈보기〉	손금	박수	악력

　① 憫　② 賓　③ 掌　④ 갑

※ 다음 중 한자어의 독음이 바르지 <u>않은</u> 것은?
15. ① 燒却 : 소거　② 阿峴 : 아현
　③ 行廊 : 행랑　④ 堯舜 : 요순
16. ① 求乞 : 구걸　② 汗蒸 : 한승
　③ 俱存 : 구존　④ 提携 : 제휴
17. ① 奸邪 : 간사　② 鳥籠 : 조총
　③ 督促 : 독촉　④ 翼龍 : 익룡

※ [　]안의 단어를 한자로 알맞게 쓴 것은?
18. 경기침체가 장기화되면서 기업들은 투자를 [기피]
　하고 있다.
　　① 忌避　② 岐避　③ 畿避　④ 欺避
19. 그는 회장직을 끝까지 [고사]하였다.
　　① 固詐　② 固詞　③ 固辭　④ 固奢
20. 그의 뛰어난 [연주]에 사람들은 박수를 아끼지
　않았다.
　　① 演珠　② 演週　③ 演駐　④ 演奏

※ 주어진 뜻에 알맞은 한자어는?
21. 관세법의 규정에 따라, 화물 수출입의 허가를 받
　고 세관을 통과하는 일
　　① 統館　② 統關　③ 通關　④ 通館
22. 기업이 노동 수요의 변화에 따라 고용 인원의 수
　를 삭감하거나 조정하는 일.
　　① 雇傭調整　　② 雇傭組整
　　③ 雇踊組整　　④ 雇踊調整
23. 어떤 물질을 A라는 상태에서 B라는 상태로 변화
　시켰을 때, B에서 A로 되돌릴 수가 있는 경우.
　　① 價逆變化　　② 可譯變化
　　③ 價譯變化　　④ 可逆變化
24. 사회적 상태를 집약적으로 나타내 생활의 양적·
　질적인 측면까지 측정함으로써 인간 생활의 전반
　적인 복지 정도를 파악할 수 있게 하는 척도.
　　① 社會紙標　　② 社會指標
　　③ 社會紙表　　④ 社會指表
25. 공동으로 생산물을 시장으로 내어 보냄.
　　① 公同出荷　　② 共同出荷
　　③ 公同出何　　④ 共同出何

※ [　]안에 들어갈 한자어로 알맞은 것은?
26. [　]은 종신집권을 바라는 집권자의 권력욕에
　서 비롯하였다.
　　① 韓日議定書　② 萬民共同會
　　③ 國債報償運動　④ 四捨五入改憲
27. [　]가 강화될수록 여성의 지위와 권리는 매
　우 약화되었다.
　　① 敎育自治制　② 大統領制
　　③ 家父長制　　④ 金融實名制
28. 생식세포는 대개 [　]로 만들어진다.
　　① 減數分裂　　② 加算混合
　　③ 假現運動　　④ 可鍛鑄鐵
29. 구직자들이 대기업을 선호하는 이유 중 하나는
　양질의 [　]이다.
　　① 多面評價　　② 企業內福祉
　　③ 在宅勤務　　④ 景品附販賣
30. [　]이 높을수록 상품의 판매 및 그 보충의
　속도가 빠르다.
　　① 商品回轉率　② 限界預貸率
　　③ 內部收益率　④ 內部持分率

※ 다음 한자의 훈(뜻)과 음(소리)을 한글로 쓰시오.

주1. 慰   (   )
주2. 徑   (   )
주3. 筋   (   )
주4. 赦   (   )
주5. 銃   (   )
주6. 徐   (   )
주7. 奮   (   )
주8. 膽   (   )

※ 다음 훈과 음에 맞는 한자를 〈보기〉에서 찾아 쓰시오.

〈보기〉	匿 率 厥 屍 虜 枚 胡 哨 諜 誓 惹 嘗

주9.   망볼   초   (   )
주10. 맛볼   상   (   )
주11. 낱   매   (   )
주12. 사로잡을   로   (   )
주13. 그   궐   (   )
주14. 이끌   야   (   )
주15. 주검   시   (   )

※ 다음 한자어의 독음을 한글로 쓰시오.

주16. 軌跡   (   )
주17. 驅逐   (   )
주18. 墮淚   (   )
주19. 劫迫   (   )
주20. 脂漏   (   )
주21. 掠奪   (   )
주22. 荒廢   (   )
주23. 慘狀   (   )
주24. 魯鈍   (   )
주25. 幻滅   (   )
주26. 裁縫   (   )
주27. 鍵盤   (   )
주28. 液晶   (   )
주29. 戲弄   (   )
주30. 顯微鏡   (   )

※ 〈보기〉의 뜻을 참고하여 ○ 안에 공통으로 들어갈 한자를 쓰시오.

주31. (1) 革○   (2) ○免   (   )

〈보기〉	(1) 묵은 기구, 제도, 법령 따위를 없앰. (2) 잘못을 저지른 사람에게 직무나 직업을 그단두게 함

주32. (1) 近○   (2) ○而非   (   )

〈보기〉	(1) 거의 같음. (2) 겉으로는 비슷하나 속은 완전히 다름.

주33. (1) ○靈   (2) ○閉   (   )

〈보기〉	(1) 죽은 사람의 혼령. (2) 아주 깊숙이 가두어 둠.

※ ○ 안에 공통으로 들어갈 한자를 〈보기〉에서 찾아 쓰시오.

〈보기〉	渭 怡 譯 鑛 酸 卿 靴

주34. ○夫   炭○   鎔○爐   (   )
주35. ○素   鹽○   乳○菌   (   )
주36. 飜○   ○註   直○   (   )
주37. 軍○   長○   運動○   (   )

※ 문장에서 잘못 쓴 한자를 바르게 고쳐 쓰시오. (단, 음이 같은 한자로 고칠 것)

주38. 古喜를 맞은 교수님의 생신을 축하하였다.

(→   )

주39. 금메달의 주인공은 누가 될 것인지 抄眉의 관심사이다.

(→   )

주40. 그의 실수로 우리의 계획은 無散 위기에 처했다.

(→   )

※ [   ]안 한자어의 독음을 한글로 쓰시오.

주41. [不逮捕特權]은 원내외의 어떤 언행에 대
해서도 국회의 동의가 없는 한 체포되지 않는
다는 것이다.　　　　　　　　（　　　　）
주42. ‘구지가’의 원가는 알 수가 없고 관련 설화와
‘구지가’의 한문 번역만 [三國遺事]에 전한
다.　　　　　　　　　　　　（　　　　）
주43. 잠금장치를 [解除]하였다.
　　　　　　　　　　　　　　（　　　　）
주44. 세계 각국에서 [保護貿易]주의가 확대되고
있다.　　　　　　　　　　　（　　　　）
주45. 현재 국내의 이동통신시장, 정유시장은 대표적
인 [寡占]시장이다.　　　　（　　　　）
주46. 많은 조문객들이 고인의 [追悼式]에 참석하
였다.　　　　　　　　　　　（　　　　）
주47. 잠시 [靜寂]이 흘렀다.（　　　　）
주48. [森嚴]한 경비를 뚫고 탈옥했다.
　　　　　　　　　　　　　　（　　　　）
주49. 이 미술관에는 유명한 작품들이 [所藏]되어
있다.　　　　　　　　　　　（　　　　）
주50. 힘들게 모은 돈을 고아원에 [寄附]하였다.
　　　　　　　　　　　　　　（　　　　）
주51. 주가가 [急騰]하여 투자자들이 이익을 보았다.
　　　　　　　　　　　　　　（　　　　）
주52. 어린이들의 감정이나 심리를 표현한 동요는
형식과 [修辭]를 중요시한다.
　　　　　　　　　　　　　　（　　　　）
주53. 탄광의 [坑道]가 무너져 광부들이 매몰되었다.
　　　　　　　　　　　　　　（　　　　）
주54. 소나무가 [鬱蒼]하게 들어서 있다.
　　　　　　　　　　　　　　（　　　　）
주55. [玄武巖]으로 쌓은 돌담길은 제주도를 상징
한다.　　　　　　　　　　　（　　　　）

※ [   ]안의 단어를 한자로 쓰시오.

주56. 그들은 전형적인 가족 경영으로 회사를 [방만]하
게 운영하다가 폐업하기에 이르렀다.
　　　　　　　　　　　　　　（　　　　）

주57. 높은 [누각]에 오르니 수려한 산세가 한눈에
들어왔다.　　　　　　　　　（　　　　）
주58. 코르크는 [신축]성이 뛰어나 와인의 병마개로
사용된다.　　　　　　　　　（　　　　）
주59. 경매를 통해 물건을 싸게 [구매]했다.
　　　　　　　　　　　　　　（　　　　）
주60. [화창]한 봄날, 공원으로 나들이를 갔다.
　　　　　　　　　　　　　　（　　　　）
주61. 나는 매일 아침 창문을 열어 [환기]를 시킨
다.　　　　　　　　　　　　（　　　　）
주62. 그녀가 찾아낸 증거는 사건을 해결하는 [단서]
가 되었다.　　　　　　　　　（　　　　）
주63. 함께 [우산]을 나눠 쓴 그의 바깥쪽 어깨가
흠뻑 젖어있었다.　　　　　　（　　　　）
주64. 두 사람은 결혼식을 마치고 [밀월] 여행을 떠
났다.　　　　　　　　　　　（　　　　）
주65. 강력한 비바람을 동반한 [태풍]이 상륙할 예
정이다.　　　　　　　　　　（　　　　）

※ 한자성어의 설명을 읽고 ○ 안에 들어갈 한자를
　 차례대로 쓰시오.

주66. ○ 鷄 一 ○　　　　　　　（　　，　　）

[군계일학] 많은 사람 가운데서 뛰어난 인물

주67. ○ 角 ○ 牛　　　　　　　（　　，　　）

[교각살우] 잘못된 점을 고치려다가 그 방법이나 정
도가 지나쳐 오히려 일을 그르침.

주68. ○ 本 塞 ○　　　　　　　（　　，　　）

[발본색원] 좋지 않은 일의 근본 원인이 되는 요소
를 완전히 없애 버림.

주69. ○ 腹 ○ 壤　　　　　　　（　　，　　）

[고복격양] 태평한 세월을 즐김.

주70. ○ 世 之 ○　　　　　　　（　　，　　）

[격세지감] 오래지 않은 동안에 몰라보게 변하여 아
예 다른 세상이 된 것 같은 느낌.

– 수고하셨습니다 –

한자실력급수 자격시험 **2급** 연습문제 〈8〉

객관식 (1~30번)

※ [　]안의 한자와 음이 같은 한자는?

1. [堯]　① 妖　② 俸　③ 綿　④ 沐
2. [肩]　① 駐　② 侮　③ 堅　④ 沃
3. [稀]　① 沼　② 偵　③ 摘　④ 戲
4. [豹]　① 遞　② 漂　③ 軸　④ 鞍
5. [娛]　① 鍵　② 輯　③ 姸　④ 嗚

※ [　]안의 한자와 뜻이 비슷하거나 같은 한자는?

6. [聘]　① 招　② 祥　③ 灣　④ 鞠
7. [燃]　① 勵　② 檀　③ 燒　④ 僅
8. [畏]　① 擔　② 懼　③ 賻　④ 揆

※ [　]안의 한자와 뜻이 반대되거나 상대되는 한자는?

9. [伸]　① 縮　② 殷　③ 弼　④ 撤
10. [卑]　① 托　② 煥　③ 尊　④ 淵
11. [騰]　① 憩　② 落　③ 忽　④ 傲

※ 〈보기〉의 단어들과 가장 관련이 깊은 한자는?

12.

〈보기〉	사료	방목	양돈

　① 瑢　② 賤　③ 瑾　④ 畜

13.

〈보기〉	조류	곤충	비행기

　① 翼　② 繫　③ 殆　④ 遊

14.

〈보기〉	운동	더위	사우나

　① 戴　② 札　③ 汗　④ 旌

※ 다음 중 한자어의 독음이 바르지 <u>않은</u> 것은?

15. ① 排擊 : 배격　② 錯雜 : 착잡
　③ 緊張 : 긴장　④ 坑儒 : 항유
16. ① 鑄鐵 : 주철　② 訴追 : 척추
　③ 陰濕 : 음습　④ 憤慨 : 분개
17. ① 抛棄 : 포기　② 沈滯 : 침체
　③ 懺悔 : 참회　④ 揭示 : 개시

※ [　]안의 단어를 한자로 알맞게 쓴 것은?

18. 고향에 계시는 부모님 생각이 [간절] 하였다.
　① 簡切　② 懇切　③ 奸切　④ 諫切
19. 그의 결심은 [추호]도 흔들리지 않았다.
　① 秋毫　② 秋互　③ 秋胡　④ 秋護
20. 그는 뛰어난 일본어 [구사]능력을 가지고 있다.
　① 苟使　② 俱使　③ 驅使　④ 仇使

※ 주어진 뜻에 알맞은 한자어는?

21. 한 나라 산업의 기초가 되는 산업.
　① 基干産業　② 企幹産業
　③ 企干産業　④ 基幹産業
22. 외국으로부터 전염병이 국내로 들어오는 것을 막기 위하여 항구에서 들어오는 사람의 건강상태를 검사하는 일.
　① 檢束　② 檢疫　③ 檢定　④ 檢索
23. 조선 선조 때, 허준이 편찬한 한방의서.
　① 東醫譜覽　② 東醫譜鑑
　③ 東醫寶鑑　④ 東醫寶覽
24. 기업, 관공서 따위에서 관리 또는 감독의 직무를 맡아보는 직위.
　① 管理職　② 管吏職
　③ 觀吏職　④ 觀理職
25. 모든 국민이 깨끗한 환경에서 생활할 권리.
　① 換徑權　② 環徑權
　③ 環境權　④ 換境權

※ [　]안에 들어갈 한자어로 알맞은 것은?

26. 지금 타고 있는 선박은 [　]에 가입되어 있다.
　① 強制保險　② 海上保險
　③ 公正去來法　④ 國民年金法
27. 그는 이산화탄소 배출과 경제 성장의 관계를 분석한 [　] 논문을 발표하였다.
　① 氣候經濟學　② 價値工學
　③ 經營科學　④ 鑑識學
28. 다양한 주체가 평가에 참여하는 [　]는 360도 평가라고도 한다.
　① 診斷評價　② 固定評價
　③ 鑑定評價　④ 多面評價
29. 광화문을 가로막고 있던 [　]가 철거된 후, 경복궁 복원 사업이 진행 중이다.
　① 議政府　② 朝鮮總督府
　③ 義禁府　④ 東洋拓植株式會社
30. 투표하기에 앞서 [　]별 공약을 검토해보았다.
　① 書堂　② 政黨　③ 戒嚴　④ 國防

주관식 (주1~주70번)

※ 다음 한자의 훈(뜻)과 음(소리)을 한글로 쓰시오.

주1. 殊　　（　　　　　）
주2. 攝　　（　　　　　）
주3. 誕　　（　　　　　）
주4. 桃　　（　　　　　）
주5. 揷　　（　　　　　）
주6. 旋　　（　　　　　）
주7. 曉　　（　　　　　）
주8. 寂　　（　　　　　）

※ 다음 훈과 음에 맞는 한자를 〈보기〉에서 찾아 쓰시오.

〈보기〉	晨 桑 厭 屛 捉 朗 肢 孰 隆 膠 閥 閱

주9. 누구　　숙　　（　　　　　）
주10. 아교　　교　　（　　　　　）
주11. 밝을　　랑　　（　　　　　）
주12. 새벽　　신　　（　　　　　）
주13. 싫을　　염　　（　　　　　）
주14. 검열할　열　　（　　　　　）
주15. 잡을　　착　　（　　　　　）

※ 다음 한자어의 독음을 한글로 쓰시오.

주16. 薛聰　　（　　　　　）
주17. 斬屍　　（　　　　　）
주18. 思惟　　（　　　　　）
주19. 溶液　　（　　　　　）
주20. 名刹　　（　　　　　）
주21. 蒸散　　（　　　　　）
주22. 鼻腔　　（　　　　　）
주23. 拍掌　　（　　　　　）
주24. 獵奇　　（　　　　　）
주25. 怪疾　　（　　　　　）
주26. 掛圖　　（　　　　　）
주27. 焦燥　　（　　　　　）
주28. 夢幻　　（　　　　　）
주29. 煩悶　　（　　　　　）
주30. 措處　　（　　　　　）

※ 〈보기〉의 뜻을 참고하여 ○ 안에 공통으로 들어갈 한자를 쓰시오.

주31. (1) ○動　　　　(2) 地○　　　（　　　　　）

〈보기〉	(1) 물체가 몹시 울리어 흔들림. (2) 땅 속의 급격한 변화로 땅이 흔들리거나 갈라지는 현상.

주32. (1) 漫○　　　　(2) ○客　　　（　　　　　）

〈보기〉	(1) 술에 잔뜩 취함. (2) 술에 취한 사람.

주33. (1) ○死　　　　(2) ○木　　　（　　　　　）

〈보기〉	(1) 나무나 풀이 말라 죽음. (2) 말라서 죽어 버린 나무.

※ ○ 안에 공통으로 들어갈 한자를 〈보기〉에서 찾아 쓰시오.

〈보기〉	苑 箱 裘 昧 猛 融 糾

주34. ○彈　　紛○　　○合　　（　　　　　）
주35. ○通　　金○　　○和　　（　　　　　）
주36. ○獸　　勇○　　○烈　　（　　　　　）
주37. 蒙○　　野○　　愚○　　（　　　　　）

※ 문장에서 잘못 쓴 한자를 바르게 고쳐 쓰시오. (단, 음이 같은 한자로 고칠 것)

주38. 공연의 마지막을 裝殖하였다.

　　　　　　　　　　（　　　　→　　　　）

주39. 불의의 사고로 가족을 잃은 친구를 僞勞하였다.

　　　　　　　　　　（　　　　→　　　　）

주40. 그는 近少한 표 차이로 국회의원에 당선되었다.

　　　　　　　　　　（　　　　→　　　　）

※ [   ]안 한자어의 독음을 한글로 쓰시오.

주41. 대규모 외환위기가 발생하여 많은 회사들이 [不渡] 처리되었다.　　（　　　　　）

주42. 운송인은 출항 전까지 책임을 지고 주의를 기울여 [潛在瑕疵]를 최소화해야 한다.　　（　　　　　）

주43. 소과에 합격한 생원과 진사라야 [成均館]에 입학할 수 있다.　　（　　　　　）

주44. [購買承認書]를 팩스로 전송했다.　　（　　　　　）

주45. 최근 국제 무역에서 [報復關稅]를 부과하는 사례가 많다.　　（　　　　　）

주46. 삼촌은 [仲媒]로 결혼을 하셨다.　　（　　　　　）

주47. 임산부는 [胎敎]를 위해 언행, 마음가짐, 음식 등을 조심해야 한다.　（　　　　　）

주48. 그의 행동은 [庸劣]하기 짝이 없었다.　　（　　　　　）

주49. 이 제품은 [遠隔]조종이 가능하다.　　（　　　　　）

주50. 국무총리가 [主宰]하는 긴급 대책 회의가 진행되었다.　　（　　　　　）

주51. 이 시어는 많은 의미를 [含蓄]하고 있다.　　（　　　　　）

주52. 그 기업은 근로자들의 근로 의욕을 [鼓吹]하고 생산성을 높이기 위해 인센티브 제도를 도입했다.　　（　　　　　）

주53. [晩餐]에 응해주셔서 감사합니다.　　（　　　　　）

주54. 고부간의 [葛藤]을 해소하기 위해서는 배려와 이해심이 필요하다.　（　　　　　）

주55. 그는 항상 [謙遜]하고 예의가 바르다.　　（　　　　　）

※ [   ]안의 단어를 한자로 쓰시오.

주56. 한의사는 환자를 [진맥]하고 침을 놓았다.　　（　　　　　）

주57. 놀부는 탐욕스러운 인간의 [전형]이다.　　（　　　　　）

주58. 길게 이어진 [성곽]을 따라 걸으며 단풍을 감상했다.　　（　　　　　）

주59. 삼가 고인의 [명복]을 빕니다.　　（　　　　　）

주60. 갑작스러운 [호우]에 제방이 무너졌다.　　（　　　　　）

주61. 그의 발언은 [모순]투성이다.　　（　　　　　）

주62. 문진표를 받아 [해당] 항목에 체크하였다.　　（　　　　　）

주63. 또 부탁하기에는 [염치]가 없었다.　　（　　　　　）

주64. 아름다운 [왕비]는 마법 거울에게 질문을 던졌다.　　（　　　　　）

주65. 아이는 [부록]으로 제공되는 장난감에 더 관심이 많았다.　　（　　　　　）

※ 한자성어의 설명을 읽고 ○ 안에 들어갈 한자를 차례대로 쓰시오.

주66. 一 ○ ○ 水　　（　　　，　　　）

[일어탁수] 한 사람의 잘못으로 여러 사람이 피해를 입게 됨.

주67. 神 出 ○ ○　　（　　　，　　　）

[신출귀몰] 자유자재로 문득 나타났다가 문득 없어짐.

주68. ○ 亡 齒 ○　　（　　　，　　　）

[순망치한] 서로 이해관계가 밀접한 사이에 어느 한 쪽이 망하면 다른 한쪽도 그 영향을 받아 온전하기 어려움.

주69. 擧 案 ○ ○　　（　　　，　　　）

[거안제미] 아내가 남편을 극진히 공경함.

주70. 外 ○ 內 ○　　（　　　，　　　）

[외유내강] 겉으로는 부드럽고 순하게 보이나 속은 곧고 굳셈.

－ 수고하셨습니다 －

한자실력급수 자격시험 2급 연습문제 〈9〉

객관식 (1~30번)

※ [　]안의 한자와 음이 같은 한자는?
1. [託] ① 鼎　② 卓　③ 僑　④ 柴
2. [喉] ① 裴　② 箱　③ 厚　④ 曉
3. [鍛] ① 錯　② 鞍　③ 倭　④ 旦
4. [弦] ① 縣　② 堅　③ 炙　④ 栗
5. [程] ① 煜　② 堤　③ 艇　④ 址

※ [　]안의 한자와 뜻이 비슷하거나 같은 한자는?
6. [寢] ① 律　② 遣　③ 漂　④ 睡
7. [迷] ① 惑　② 析　③ 寒　④ 碧
8. [顯] ① 號　② 著　③ 徐　④ 邊

※ [　]안의 한자와 뜻이 반대되거나 상대되는 한자는?
9. [飢] ① 飽　② 又　③ 慢　④ 索
10. [憎] ① 粹　② 悠　③ 晶　④ 愛
11. [橫] ① 斥　② 縱　③ 供　④ 授

※ 〈보기〉의 단어들과 가장 관련이 깊은 한자는?

12.
〈보기〉	곰	사자	호랑이

　① 壓　② 兮　③ 獸　④ 禱

13.
〈보기〉	진통	양수	산파

　① 沐　② 推　③ 娩　④ 段

14.
〈보기〉	효	점	주역

　① 卦　② 彬　③ 邢　④ 鬼

※ 다음 중 한자어의 독음이 바르지 <u>않은</u> 것은?
15. ① 飜案 : 번안　② 匪賊 : 비적
　　③ 切膚 : 절부　④ 廉恥 : 염취
16. ① 潤澤 : 윤택　② 警笛 : 경전
　　③ 狂亂 : 광란　④ 森嚴 : 삼엄
17. ① 雷聲 : 뇌성　② 脚韻 : 각운
　　③ 鑑定 : 함정　④ 永訣 : 영결

※ [　]안의 단어를 한자로 알맞게 쓴 것은?
18. 그의 행동이 뭔가 [수상]해 보였다.
　　① 殊常　② 帥常　③ 垂常　④ 隋常
19. 오늘 [지각]해서 선생님께 꾸중을 들었다.
　　① 肢刻　② 祉刻　③ 旨刻　④ 遲刻
20. 이 글은 완벽해서 더 이상의 [사족]은 붙일 필요가 없다.
　　① 斜足　② 蛇足　③ 賜足　④ 邪足

※ 주어진 뜻에 알맞은 한자어는?
21. 한 나라의 정부나 기업, 은행 따위가 외국 정부나 공적 기관으로부터 자금을 빌려 옴.
　　① 且款　② 差款　③ 遮款　④ 借款
22. 다른 사람의 명예를 손상시키는 사실 또는 허위 사실을 공공연히 지적함으로써 성립하는 범죄.
　　① 名預毁捐罪　　② 名預毁損罪
　　③ 名譽毁損罪　　④ 名譽毁捐罪
23. 어떤 생각이나 감정에 사로잡혀 심리적으로 심하게 압박을 느낌.
　　① 強迫　② 強拍　③ 強薄　④ 強博
24. 직무를 하위직급으로 내리는 처분.
　　① 退職　② 降職　③ 解職　④ 免職
25. 뼈의 무기질과 단백질이 줄어들어 뼈조직이 엉성해지는 증상.
　　① 骨多孔症　　② 骨多攻症
　　③ 骨多公症　　④ 骨多共症

※ [　]안에 들어갈 한자어로 알맞은 것은?
26. 한 외국계 기업이 문화재청과 협업하여 [　　] 보호 및 지원 사업을 지속해왔다.
　　① 經濟財　　② 都給經費
　　③ 教育豫算　　④ 文化遺産
27. 납부 기한이 지나면 [　　]가 부과된다.
　　① 地方稅　　② 加算稅
　　③ 所得稅　　④ 讓渡稅
28. 집단을 꾸려 진행하는 [　　]은 긍정적인 상호 의존 관계가 무엇보다 중요하다.
　　① 平生學習　　② 自律學習
　　③ 協同學習　　④ 概念學習
29. 그는 우리 시대 유행의 흐름을 탁월하게 감지하는 [　　]자이다.
　　① 能力主義　　② 感覺主義
　　③ 人文主義　　④ 部族主義
30. 이 일대는 [　　]으로 용도가 변경되어 주상복합아파트가 세워질 예정이다.
　　① 準工業地域　　② 準住居地域
　　③ 調整對象地域　　④ 開發制限區域

※ 다음 한자의 훈(뜻)과 음(소리)을 한글로 쓰시오.

주1. 屬　　（　　　　　　）
주2. 僅　　（　　　　　　）
주3. 抽　　（　　　　　　）
주4. 排　　（　　　　　　）
주5. 揭　　（　　　　　　）
주6. 嘗　　（　　　　　　）
주7. 濁　　（　　　　　　）
주8. 悼　　（　　　　　　）

※ 다음 훈과 음에 맞는 한자를 〈보기〉에서 찾아 쓰시오.

〈보기〉	牽 鳳 恐 翼 雷 電 似 抄 肝 膽 珠 翰

주9. 두려울　　공　　（　　　　　　）
주10. 베낄　　　초　　（　　　　　　）
주11. 간　　　　간　　（　　　　　　）
주12. 구슬　　　주　　（　　　　　　）
주13. 같을　　　사　　（　　　　　　）
주14. 날개　　　익　　（　　　　　　）
주15. 우레　　　뢰　　（　　　　　　）

※ 다음 한자어의 독음을 한글로 쓰시오.

주16. 鴻雁　　（　　　　　　）
주17. 駿馬　　（　　　　　　）
주18. 億劫　　（　　　　　　）
주19. 偏僻　　（　　　　　　）
주20. 脂漏　　（　　　　　　）
주21. 麻雀　　（　　　　　　）
주22. 葡萄　　（　　　　　　）
주23. 將棋　　（　　　　　　）
주24. 汚吏　　（　　　　　　）
주25. 滄波　　（　　　　　　）
주26. 幻影　　（　　　　　　）
주27. 嫌惡　　（　　　　　　）
주28. 障碍　　（　　　　　　）
주29. 把守　　（　　　　　　）
주30. 百揆　　（　　　　　　）

※ 〈보기〉의 뜻을 참고하여 ○ 안에 공통으로 들어갈 한자를 쓰시오.

주31. (1) 折○　　　(2) ○心　　（　　　　　　）

〈보기〉	(1) 서로 다른 사물이나 의견, 관점 따위를 알맞게 조절하여 서로 잘 어울리게 함. (2) 마음속에서 우러나는 참된 마음.

주32. (1) 雨○　　　(2) ○下　　（　　　　　　）

〈보기〉	(1) 펴고 접을 수 있어 비가 올 때에 펴서 손에 들고 머리 위를 가리는 물건. (2) 어떤 조직체나 세력의 관할 아래.

주33. (1) ○善　　　(2) 虛○　　（　　　　　　）

〈보기〉	(1) 겉으로만 착한 체함. (2) 진실이 아닌 것을 진실인 것처럼 꾸밈.

※ ○ 안에 공통으로 들어갈 한자를 〈보기〉에서 찾아 쓰시오.

〈보기〉	歪 菓 涉 朗 欽 賃 闕

주34. ○子　　油○　　氷○　　（　　　　　　）
주35. ○報　　明○　　○讀　　（　　　　　　）
주36. 宮○　　○門　　入○　　（　　　　　　）
주37. ○金　　無○　　○貸　　（　　　　　　）

※ 문장에서 잘못 쓴 한자를 바르게 고쳐 쓰시오.
（단, 음이 같은 한자로 고칠 것）

주38. 그의 진지한 대금 演周는 순식간에 청중을 압도했다.　（　　　→　　　）

주39. 새로운 일에 대한 圖戰은 자기발전에 도움이 된다.　（　　　→　　　）

주40. 우연한 기회로 오랜 친구와 連諾이 닿았다.　（　　　→　　　）

※ [   ]안 한자어의 독음을 한글로 쓰시오.

주41. 선택형 시험이 가진 한계와 문제를 보완하기
위해 [遂行評價]가 실시된다.
(   )

주42. 일부 지자체에서는 평가결과가 미흡한 행사나
사업에 대해 [日沒制]를 적용하기로 하였다.
(   )

주43. [內部持分率]이 높으면 경영권 방어에는
유리하지만 주식을 외부에 내놓지 않은 만큼
자금조달에는 어려움을 겪을 수 있다.
(   )

주44. 지난 금융 위기 이후 국내 [上場企業]들의
이익률이 정체 중이다.   (   )

주45. 경찰을 흔히 [民衆]의 지팡이라고 말한다.
(   )

주46. 사태가 수습될 [徵候]를 보였다.
(   )

주47. [奇襲]적인 폭우로 도로가 끊겼다.
(   )

주48. 그는 내년 총선에서 지역구보다는 전국구를
택할 가능성을 [示唆]했다.
(   )

주49. 2002년 월드컵은 한국과 일본에서 공동으로
[開催]되었다.   (   )

주50. [橋梁]공사로 차량 통행이 금지되었다.
(   )

주51. 조선의 왕은 문묘에 참배한 뒤 [謁聖試]를
실시하였다.   (   )

주52. 폭설로 인해 발길이 끊긴 산사는 [寂寞]하기
만 하였다.   (   )

주53. 그는 이번에 중대장으로 [赴任]하였다.
(   )

주54. 이 [海峽]은 이순신 장군의 명량대첩으로 유
명하다.   (   )

주55. 장학생으로 [選拔]되었다.
(   )

※ [   ]안의 단어를 한자로 쓰시오.

주56. 소녀에게 무대 위에서 노래하고 춤추는 그들
은 [우상]이었다.   (   )

주57. [신사] 숙녀 여러분, 반갑습니다.
(   )

주58. 발가락에 [동상]이 걸렸다.
(   )

주59. 국가에 충성을 [맹서]하였다.
(   )

주60. 심한 가뭄으로 저수지의 물마저 [고갈]되었다.
(   )

주61. 이 잡지는 [격주]로 발간된다.
(   )

주62. [연탄]에 불을 붙였다.   (   )

주63. [회색]빛 하늘에서 빗방울이 떨어졌다.
(   )

주64. 부모님께 [안마] 의자를 선물해드렸다.
(   )

주65. 그는 사물을 꿰뚫어 보는 [혜안]을 지녔다.
(   )

※ 한자성어의 설명을 읽고 ○ 안에 들어갈 한자를
차례대로 쓰시오.

주66. ○卵之○   (,   )

[누란지위] 알을 층층이 쌓은 듯한 위태로움.

주67. ○生可○   (,   )

[후생가외] 부지런히 갈고닦은 후배가 선배를 능가
할 수 있음.

주68. 小○大○   (,   )

[소탐대실] 작은 것을 탐하다가 큰 것을 잃음.

주69. 孤○難○   (,   )

[고장난명] 혼자서는 일을 이루기가 어려움.

주70. 不○晝○   (,   )

[불철주야] 어떤 일에 몰두하여 조금도 쉴 사이 없
이 밤낮을 가리지 아니함.

– 수고하셨습니다 –

한자실력급수 자격시험 **2급** 연습문제 〈10〉

객관식 (1~30번)

※ [ ]안의 한자와 음이 같은 한자는?
1. [洪] ① 棄　② 需　③ 鴻　④ 裳
2. [漠] ① 幕　② 募　③ 某　④ 暮
3. [軸] ① 雀　② 址　③ 秉　④ 逐
4. [含] ① 僻　② 咸　③ 深　④ 彫
5. [奏] ① 鑄　② 殷　③ 傾　④ 葬

※ [ ]안의 한자와 뜻이 비슷하거나 같은 한자는?
6. [把] ① 腸　② 握　③ 朗　④ 沼
7. [戱] ① 唆　② 眈　③ 彬　④ 弄
8. [謙] ① 虜　② 祉　③ 遜　④ 譯

※ [ ]안의 한자와 뜻이 반대되거나 상대되는 한자는?
9. [隱] ① 溺　② 顯　③ 怖　④ 灸
10. [雌] ① 坡　② 顚　③ 掌　④ 雄
11. [巧] ① 彰　② 鎰　③ 拙　④ 剖

※ 〈보기〉의 단어들과 가장 관련이 깊은 한자는?

12.

〈보기〉	석순	종유석	박쥐

　① 窟　② 樟　③ 激　④ 羞

13.

〈보기〉	거지	동냥	비럭질

　① 旭　② 恐　③ 攝　④ 乞

14.

〈보기〉	푸들	치와와	달마시안

　① 袁　② 狗　③ 姙　④ 庵

※ 다음 중 한자어의 독음이 바르지 <u>않은</u> 것은?
15. ① 排斥 : 배격　② 整頓 : 정돈
　　③ 蔑視 : 멸시　④ 攻襲 : 공습
16. ① 右翼 : 우익　② 緩徐 : 완서
　　③ 懇談 : 은담　④ 頻度 : 빈도
17. ① 自愧 : 자귀　② 吟詠 : 음영
　　③ 臺詞 : 대사　④ 刹那 : 찰나

※ [ ]안의 단어를 한자로 알맞게 쓴 것은?
18. 이 기준은 누구에게나 [보편]적으로 적용된다.
　　① 普篇　② 普偏　③ 普編　④ 普遍
19. 친구와 오랜만에 [회포]를 푸느라 시간 가는 줄
　　몰랐다.
　　① 灰抱　② 廻抱　③ 懷抱　④ 賄抱
20. 이 음료는 매실원액을 [희석]하여 만든 것이다.
　　① 噫釋　② 稀釋　③ 熙釋　④ 犧釋

※ 주어진 뜻에 알맞은 한자어는?
21. 작업 진척의 정도를 비율로 표시한 것.
　　① 共定率　② 工定率
　　③ 工程率　④ 共程率
22. 1개년간 필요한 것을 예상하여 입법기관의 승인
　　을 얻은 교육재정 수입 및 지출액.
　　① 敎育豫産　② 敎育例算
　　③ 敎育例産　④ 敎育豫算
23. 어느 단체나 정당에도 속하여 있지 않는 의원.
　　① 無所屬議員　② 無所續議員
　　③ 無所續議元　④ 無所屬議元
24. 고체가 외부의 충격에 깨지지 않고 늘어나는 성질.
　　① 可逆性　② 可鍛性
　　③ 可燃性　④ 可能性
25. 전세금을 지불하고 남의 부동산을 빌려 이용할
　　수 있는 권리.
　　① 轉貰權　② 傳稅權
　　③ 轉稅權　④ 傳貰權

※ [ ]안에 들어갈 한자어로 알맞은 것은?
26. 다른 사람을 잘 배려하고 높은 시민 의식을 지닌
　　아이는 [ ]가 높은 편이다.
　　① 道德指數　② 價格指數
　　③ 距離指數　④ 幸福指數
27. 그의 연구 성과는 이미 많은 학자들에 의해 수차
　　례 [ ]된 것이다.
　　① 債券　② 借款　③ 檢證　④ 通關
28. 그는 고객과 소통하고 신뢰받는 기업이 되기 위
　　해 [ ]을 최우선 목표로 삼았다.
　　① 減量經營　② 顧客滿足經營
　　③ 共同經營　④ 船團式經營
29. 세계 경제 위기의 주요 원인 중 하나로 꼽힌 것
　　이 비우량 주택담보대출에 대한 [ ]이다.
　　① 信用派生商品　② 孝子商品
　　③ 無資料商品　④ 自體企劃商品
30. 경찰은 다른 [ ] 전문가에게 부검 결과의
　　재감정을 의뢰하였다.
　　① 心理學　② 幾何學
　　③ 法醫學　④ 建築學

주관식 (주1~주70번)

※ 다음 한자의 훈(뜻)과 음(소리)을 한글로 쓰시오.

주1. 擊　（　　　　　）
주2. 割　（　　　　　）
주3. 戚　（　　　　　）
주4. 影　（　　　　　）
주5. 脂　（　　　　　）
주6. 瞬　（　　　　　）
주7. 蜜　（　　　　　）
주8. 檀　（　　　　　）

※ 다음 훈과 음에 맞는 한자를 〈보기〉에서 찾아 쓰시오.

〈보기〉	坑 俱 徑 汚 酷 斜 釣 刺 賜 銃 痕 穽

주9. 구덩이　갱　（　　　　　）
주10. 함께　구　（　　　　　）
주11. 줄　사　（　　　　　）
주12. 낚시　조　（　　　　　）
주13. 비낄　사　（　　　　　）
주14. 더러울　오　（　　　　　）
주15. 독할　혹　（　　　　　）

※ 다음 한자어의 독음을 한글로 쓰시오.

주16. 武陵　（　　　　　）
주17. 抽拔　（　　　　　）
주18. 祿俸　（　　　　　）
주19. 怪獸　（　　　　　）
주20. 舍廊　（　　　　　）
주21. 內臟　（　　　　　）
주22. 埋沒　（　　　　　）
주23. 軟膏　（　　　　　）
주24. 別添　（　　　　　）
주25. 漏電　（　　　　　）
주26. 鳳凰　（　　　　　）
주27. 舞姬　（　　　　　）
주28. 寡默　（　　　　　）
주29. 依賴　（　　　　　）
주30. 爵祿　（　　　　　）

※ 〈보기〉의 뜻을 참고하여 ○ 안에 공통으로 들어갈 한자를 쓰시오.

주31. (1) 傲○　　(2) 怠○　（　　　　　）

〈보기〉	(1) 태도나 행동이 건방지거나 거만함. (2) 게으르고 느림.

주32. (1) ○氣　　(2) 幼○園　（　　　　　）

〈보기〉	(1) 어리고 유치한 기분이나 감정. (2) 학령이 안 된 어린이의 심신 발달을 위한 교육 시설.

주33. (1) 人○　　(2) 山○　（　　　　　）

〈보기〉	(1) 정계, 재계, 학계 따위에서 형성된 사람들의 유대 관계. (2) 여러 산악이 잇달아 길게 뻗치어 줄기를 이룬 지대.

※ ○ 안에 공통으로 들어갈 한자를 〈보기〉에서 찾아 쓰시오.

〈보기〉	媒 殖 睡 轄 暢 據 疾

주34. ○患　　○走　　○風　（　　　　　）
주35. 觸○　　○介　　仲○　（　　　　　）
주36. 午○　　○眠　　昏○　（　　　　　）
주37. 和○　　○達　　流○　（　　　　　）

※ 문장에서 잘못 쓴 한자를 바르게 고쳐 쓰시오.
(단, 음이 같은 한자로 고칠 것)

주38. 어머니는 향과 지전을 사르고 아들의 命福을 빌며 수십 차례 절을 올렸다.

（　　　　→　　　　）

주39. 선거에서 公踐을 받기 위해 분주히 움직였다.

（　　　　→　　　　）

주40. 한일합방 이후 일제의 물자 收脫은 더욱 강제적인 방식으로 바뀌었다. （　　　→　　　）

※ [   ]안 한자어의 독음을 한글로 쓰시오.

주41. 경직된 [官僚主義]는 수평적 교류와 융합적 협력을 가로막기도 한다. (   )

주42. 최근 [落胎罪]를 둘러싼 찬반 여론이 팽팽하게 대립하고 있다. (   )

주43. 그녀는 우리 회사의 고문 [辯護士]이다. (   )

주44. [骨多孔症]은 중년 이후의 여성들에게 많이 발생한다. (   )

주45. 일부 [壓力團體]가 기자회견을 열어 지자체의 무리한 사업 강행의 중단을 촉구했다. (   )

주46. [踏步]상태이던 사건의 실마리를 찾았다. (   )

주47. 뜻하지 않게 [抑鬱]한 일을 당했다. (   )

주48. 그는 이번 히말라야 등반을 새로운 [挑戰]의 계기로 삼았다. (   )

주49. 성공이 [遙遠]하게 느껴진다. (   )

주50. 동생은 수영 강습을 받은 지 일주일 만에 [蝶泳]까지 다 배웠다. (   )

주51. 일부 연예인들의 불미스러운 [醜聞]으로 세간이 떠들썩해졌다. (   )

주52. 훈민정음은 [燦爛]한 우리의 문화유산이다. (   )

주53. 경복궁의 [勤政殿] 앞에서 사진을 찍었다. (   )

주54. 그 물건에는 치명적인 [瑕疵]가 있다. (   )

주55. 상자를 가만히 두드려보니 [鈍濁]한 소리가 들렸다. (   )

※ [   ]안의 단어를 한자로 쓰시오.

주56. 그는 [고령]의 나이에도 불구하고 마라톤 완주에 성공하였다. (   )

주57. 그녀는 전폭적으로 자신을 지원해준 부모님의 [망극]한 은혜에 감사의 눈물을 흘렸다. (   )

주58. 김 회장은 자신의 재산을 구호 시설에 [기증]한다는 유서를 남겼다. (   )

주59. 겨울철의 [동파] 방지를 위해서 수도관을 헝겊으로 친친 동여맸다. (   )

주60. 마감 시한을 지키기 위해 이틀간 [철야] 작업을 했다. (   )

주61. 그는 삼 년 내내 [지각] 한 번 하지 않은 모범생이다. (   )

주62. 그는 학업과 아르바이트를 [병행]하며 고단한 청년기를 보냈다. (   )

주63. 그들은 합의점을 찾지 못하고 결국 [분열]되었다. (   )

주64. 헬기가 공중을 [선회]하고 있다. (   )

주65. [피부]를 보호하기 위해 자외선 차단제를 꼼꼼히 발랐다. (   )

※ 한자성어의 설명을 읽고 ○ 안에 들어갈 한자를 차례대로 쓰시오.

주66. 紅 ○ ○ 雪   (,   )

[홍로점설] 사욕이나 의혹이 일시에 꺼져 없어짐.

주67. ○ ○ 之 慶   (,   )

[농장지경] 아들을 낳은 즐거움.

주68. ○ 勝 長 ○   (,   )

[승승장구] 싸움에 이긴 형세를 타고 계속 몰아침.

주69. ○ 上 ○ 子   (,   )

[양상군자] 도둑, 또는 천장 위에 있는 쥐.

주70. 吐 ○ ○ 髮   (,   )

[토포착발] 정무를 보살피느라 편안할 겨를이 없음.

– 수고하셨습니다 –

한자실력급수 자격시험 **2급** 연습문제 〈11〉

객관식 (1~30번)

※ [   ]안의 한자와 음이 같은 한자는?
 1. [惹] ① 耶　② 稚　③ 娠　④ 依
 2. [遲] ① 鎰　② 旨　③ 嘉　④ 誓
 3. [滯] ① 柔　② 釜　③ 逮　④ 殷
 4. [紳] ① 樟　② 羞　③ 激　④ 愼
 5. [襲] ① 剖　② 祿　③ 彰　④ 濕

※ [   ]안의 한자와 뜻이 비슷하거나 같은 한자는?
 6. [敦] ① 戚　② 篤　③ 譯　④ 弁
 7. [哀] ① 悼　② 軌　③ 脅　④ 顚
 8. [懃] ① 笛　② 睦　③ 愧　④ 葛

※ [   ]안의 한자와 뜻이 반대되거나 상대되는 한자는?
 9. [沒] ① 磁　② 隆　③ 鎬　④ 出
10. [抑] ① 虜　② 揚　③ 祉　④ 衍
11. [疏] ① 腸　② 泊　③ 密　④ 朗

※ 〈보기〉의 단어들과 가장 관련이 깊은 한자는?

12.

〈보기〉	잼	통조림	알레르기

　① 桃　② 祜　③ 蹂　④ 漂

13.

〈보기〉	실	바늘	헝겊

　① 沖　② 縫　③ 皓　④ 諒

14.

〈보기〉	꿀	쿠키	간식

　① 菓　② 帳　③ 撻　④ 恐

※ 다음 중 한자어의 독음이 바르지 <u>않은</u> 것은?
15. ① 變遷 : 변천　② 殉敎 : 순교
　　③ 配偶 : 배우　④ 紀綱 : 기망
16. ① 珪幣 : 규폐　② 獵銃 : 엽총
　　③ 斬首 : 점수　④ 坑儒 : 갱유
17. ① 平衡 : 평형　② 廟謁 : 묘갈
　　③ 悽絶 : 처절　④ 賻儀 : 부의

※ [   ]안의 단어를 한자로 알맞게 쓴 것은?
18. 한의사는 환자를 [진맥]하고 침을 놓았다.
　　① 秦脈　② 震脈　③ 診脈　④ 津脈
19. 함께 산책을 마친 강아지에게 [사료]를 주었다.
　　① 飼料　② 似料　③ 邪料　④ 斜料
20. 어떤 유혹에도 [동요]되지 않았다.
　　① 動堯　② 動耀　③ 動妖　④ 動搖

※ 주어진 뜻에 알맞은 한자어는?
21. 세계 각지에 자회사·지사·합병회사·공장 등을 확보하고, 생산·판매활동을 국제적 규모로 수행하는 기업.
　　① 多國籍企業　　② 多國的企業
　　③ 多國的基業　　④ 多國籍基業
22. 일정한 권한을 가지고 통제하거나 지배함. 또는 그런 지배가 미치는 범위.
　　① 關轄　② 管割　③ 管轄　④ 關割
23. 발달이나 진화의 단계에서 현재 이전의 상태나 시기로 되돌아가는 현상.
　　① 退去　② 退行　③ 退却　④ 退陣
24. 물러났던 관직이나 직업에 다시 종사함.
　　① 補職　② 休職　③ 遞職　④ 復職
25. 상장 기업의 임직원이나 대주주가 자사의 입장이나 정보를 이용하여 주식을 매매하고 이익을 취하는 일. 증권 거래법에서 금지하고 있음.
　　① 內部者去來　　② 內夫者去來
　　③ 內夫資去來　　④ 內部資去來

※ [   ]안에 들어갈 한자어로 알맞은 것은?
26. 우리나라는 국가의 원수를 직접 투표로 선출하는 [   ]를 시행하고 있다.
　　① 家父長制　　② 大統領制
　　③ 交替勤務制　　④ 比例代表制
27. 저 3층짜리 [   ]에는 9세대가 입주하여 살고 있다.
　　① 移動住宅　　② 聯立住宅
　　③ 模型住宅　　④ 單獨住宅
28. 이 집은 경매에서 [   ]받은 것이다.
　　① 反騰　② 空積　③ 昇級　④ 落札
29. 제때 세금 신고를 하지 않으면 무신고[   ]을/를 내야 한다.
　　① 補償金　　② 寄附金
　　③ 奬學金　　④ 加算金
30. [   ]는 수사권과 기소권을 모두 가진다.
　　① 刑事　② 檢事　③ 判事　④ 理事

주관식 (주1~주70번)

※ 다음 한자의 훈(뜻)과 음(소리)을 한글로 쓰시오.

주1. 凝　　（　　　　　）
주2. 贈　　（　　　　　）
주3. 胎　　（　　　　　）
주4. 膽　　（　　　　　）
주5. 蒙　　（　　　　　）
주6. 阿　　（　　　　　）
주7. 擴　　（　　　　　）
주8. 飽　　（　　　　　）

※ 다음 훈과 음에 맞는 한자를 〈보기〉에서 찾아 쓰시오.

〈보기〉	偵 俸 脂 潭 郊 淚 殿 閥 哭 暫 腐 尋

주9. 문벌　　벌　　（　　　　　　）
주10. 정탐할　정　　（　　　　　　）
주11. 못　　담　　（　　　　　　）
주12. 잠깐　　잠　　（　　　　　　）
주13. 비계　　지　　（　　　　　　）
주14. 찾을　　심　　（　　　　　　）
주15. 들　　교　　（　　　　　　）

※ 다음 한자어의 독음을 한글로 쓰시오.

주16. 融液　（　　　　　）
주17. 服飾　（　　　　　）
주18. 醜雜　（　　　　　）
주19. 痕跡　（　　　　　）
주20. 經緯　（　　　　　）
주21. 醉氣　（　　　　　）
주22. 促迫　（　　　　　）
주23. 尿道　（　　　　　）
주24. 寂滅　（　　　　　）
주25. 背叛　（　　　　　）
주26. 嫌疑　（　　　　　）
주27. 憐憫　（　　　　　）
주28. 窒息　（　　　　　）
주29. 嗚泣　（　　　　　）
주30. 雙劍　（　　　　　）

※ 〈보기〉의 뜻을 참고하여 ○ 안에 공통으로 들어갈 한자를 쓰시오.

주31. (1) ○團　　　(2) 演○　　（　　　　）

〈보기〉	(1) 연극을 전문으로 공연하는 단체. (2) 배우가 각본에 따라 어떤 사건이나 인물을 말과 동작으로 관객에게 보여 주는 무대 예술.

주32. (1) ○婦　　　(2) ○人　　（　　　　）

〈보기〉	(1) 남편을 잃고 혼자 사는 여자. (2) 임금이 자기를 낮추어 이르는 말.

주33. (1) 投○　　　(2) ○響　　（　　　　）

〈보기〉	(1) 물체의 그림자를 어떤 물체 위에 비친 그림자. (2) 어떤 사물의 효과나 작용이 다른 것에 미치는 일.

※ ○ 안에 공통으로 들어갈 한자를 〈보기〉에서 찾아 쓰시오.

〈보기〉	閣 元 催 徵 臟 悠 爵

주34. 開○　　○告　　主○　　（　　　　　）
주35. 公○　　伯○　　○位　　（　　　　　）
주36. ○集　　特○　　○兵　　（　　　　　）
주37. 樓○　　○下　　改○　　（　　　　　）

※ 문장에서 잘못 쓴 한자를 바르게 고쳐 쓰시오. (단, 음이 같은 한자로 고칠 것)

주38. 우리는 후배의 掃介로 만나게 되었다.
　　　　　　　　　　　（　　　→　　　）

주39. 弘水로 인해 많은 이재민이 발생했다.
　　　　　　　　　　　（　　　→　　　）

주40. 수도가 多破되어 물이 나오지 않는다.
　　　　　　　　　　　（　　　→　　　）

※ [   ]안 한자어의 독음을 한글로 쓰시오.

주41. 이 영화는 개봉 5일 만에 37만 명이 관람하여 [損益分岐點]을 돌파한 것으로 알려졌다.
（   ）

주42. 왕권이 강화될수록 [議政府]의 기능은 약화되는 경향이 있었다. （   ）

주43. 건설 회사가 [日照權]을 무시한 채 공사를 진행해 주민들이 구청에 민원을 제기했다.
（   ）

주44. 자초위난이 행위자에 의해 도발된 경우에는 [緊急避難]이 불허될 수 있다.
（   ）

주45. 고위공직자 임명을 위한 인사 [聽聞會]가 열렸다. （   ）

주46. 외국인 관광객 [誘致]에 열을 올렸다.
（   ）

주47. 그는 어젯밤 꿈을 [吉夢]으로 여겨 복권을 샀다. （   ）

주48. 방송 [媒體]가 대중에게 미치는 영향에 대해 연구하였다. （   ）

주49. 풍부한 [插圖]와 사진을 곁들여 이해의 폭을 넓혔다. （   ）

주50. 그의 [奇拔]한 생각에 모두들 감탄하였다.
（   ）

주51. [荒唐]한 일이 발생하였다.
（   ）

주52. 그는 회사의 경영권을 [掌握]하고 있다.
（   ）

주53. 그는 뜻밖에 찾아온 행운으로 분수에 넘치는 [豪奢]를 누렸다. （   ）

주54. 전문가에게 [諮問]을 구했다.
（   ）

주55. [埋藏] 자원은 국가 경쟁력과 직결된다.
（   ）

※ [   ]안의 단어를 한자로 쓰시오.

주56. 온갖 [멸시]와 수모를 참아냈다.
（   ）

주57. 핵확산 금지 조약에서 인정된 [핵무기] 보유국은 미국, 영국, 러시아, 프랑스, 중국 5개국이다. （   ）

주58. 이 영화는 [요절]한 어느 천재 화가의 실화를 바탕으로 제작되었다. （   ）

주59. 그의 자백은 모두 [허위]였음이 밝혀졌다.
（   ）

주60. 행사가 [원활]히 진행되었다.
（   ）

주61. 이 지역은 굴 [양식]으로 유명하다.
（   ）

주62. [상자] 안에는 그와 찍었던 옛 사진들이 들어 있었다. （   ）

주63. 두 사람의 만남을 [주선]해주었다.
（   ）

주64. 그 아이는 누구에게나 [공손]한 태도를 보였다.
（   ）

주65. 예정대로 공정을 마치고 현장에서 [철수]하였다. （   ）

※ 한자성어의 설명을 읽고 ○ 안에 들어갈 한자를 차례대로 쓰시오.

주66. 手 不 ○ ○　　　（   ,   ）

[수불석권] 손에서 책을 놓지 아니하고 늘 글을 읽음.

주67. 遠 ○ ○ 福　　　（   ,   ）

[원화소복] 화를 물리치고 복을 불러들임.

주68. 同 價 ○ ○　　　（   ,   ）

[동가홍상] 같은 값이면 좋은 물건을 가짐.

주69. ○ 衣 ○ 鄕　　　（   ,   ）

[금의환향] 벼슬을 하거나 크게 성공하여 고향에 돌아옴.

주70. 名 ○ 相 ○　　　（   ,   ）

[명실상부] 이름과 실상이 서로 꼭 맞음.

- 수고하셨습니다 -

한자실력급수 자격시험 **2급** 연습문제 〈12〉

객관식 (1~30번)

※ [　]안의 한자와 음이 같은 한자는?

1. [螢] ① 翰　② 蜂　③ 濯　④ 型
2. [媒] ① 枚　② 薛　③ 遂　④ 裸
3. [巷] ① 炭　② 恒　③ 添　④ 捨
4. [兮] ① 沃　② 桑　③ 慧　④ 寂
5. [濫] ① 藍　② 牧　③ 歪　④ 蜀

※ [　]안의 한자와 뜻이 비슷하거나 같은 한자는?

6. [奈] ① 罷　② 抽　③ 悽　④ 何
7. [娛] ① 坪　② 鬼　③ 樂　④ 瞞
8. [瑞] ① 燁　② 祥　③ 叢　④ 墮

※ [　]안의 한자와 뜻이 반대되거나 상대되는 한자는?

9. [濃] ① 殆　② 閨　③ 淡　④ 寐
10. [朔] ① 垈　② 望　③ 頗　④ 侯
11. [枯] ① 敏　② 射　③ 鎭　④ 榮

※ 〈보기〉의 단어들과 가장 관련이 깊은 한자는?

12.

〈보기〉	달	년	절기

① 曆　② 騎　③ 誕　④ 慕

13.

〈보기〉	철	금	구리

① 伴　② 鉉　③ 酷　④ 鑛

14.

〈보기〉	배	닻	항구

① 催　② 耆　③ 泊　④ 註

※ 다음 중 한자어의 독음이 바르지 <u>않은</u> 것은?

15. ① 遲滯 : 대체　② 畏怖 : 외포
　　③ 獻身 : 헌신　④ 歲暮 : 세모
16. ① 宗廟 : 종묘　② 荷役 : 가역
　　③ 脚韻 : 각운　④ 追悼 : 추도
17. ① 鼓膜 : 고막　② 滅裂 : 멸렬
　　③ 該博 : 해부　④ 恐懼 : 공구

※ [　]안의 단어를 한자로 알맞게 쓴 것은?

18. 그는 과거의 [오명]을 씻기 위해 다방면으로 노력했다.
　　① 汚名　② 嗚名　③ 梧名　④ 傲名
19. 그의 논문이 저명한 국제학술지에 [게재]되었다.
　　① 揭裁　② 揭載　③ 揭哉　④ 揭栽
20. 그는 세계적으로 이름난 [축구] 선수이다.
　　① 逐球　② 軸球　③ 縮球　④ 蹴球

※ 주어진 뜻에 알맞은 한자어는?

21. 조선 시대에, 삼사 가운데 임금에게 간하는 일을 맡아보던 관아.
　　① 司譯院　　② 司諫院
　　③ 事譯院　　④ 事諫院
22. 보조 기억 장치에 특별한 영역을 만들어 마치 주기억 장치인 것처럼 사용하는 장치.
　　① 假想記憶裝置　② 架想記憶裝置
　　③ 假想記憶藏置　④ 架想記憶藏置
23. 기업의 내부에 있는 사람에 의해 기업 스스로 행하는 감사.
　　① 內部監事　　② 內部敢查
　　③ 內部敢事　　④ 內部監查
24. 조선 시대에, 임금의 명령을 받들어 중죄인을 신문하는 일을 맡아 하던 관아.
　　① 義錦部　　② 義錦府
　　③ 義禁府　　④ 義禁部
25. 기존의 학교에 대한 비판적 시각에서 학생들의 다양한 요구에 부응하기 위한 실험교육의 한 형태.
　　① 代按敎育　　② 對案敎育
　　③ 對按敎育　　④ 代案敎育

※ [　]안에 들어갈 한자어로 알맞은 것은?

26. 그는 건물을 짓기 위해 토지를 구입하여 용도를 변경하고 [　　]을 납부했다.
　　① 納入資本金　② 開發負擔金
　　③ 實質賃金　　④ 可融合金
27. 농부는 비닐하우스를 운영하여 겨울철에 [　　]을/를 겪지 않을 수 있다.
　　① 論理的誤謬　② 外在的動機
　　③ 季節的失業　④ 多元的無知
28. 회사의 이익을 차명계좌를 통해 착복한 이사장이 [　　]로 실형 선고를 받았다.
　　① 橫領罪　　② 落胎罪
　　③ 強要罪　　④ 僞證罪
29. 해당 재개발 구역의 시공사 [　　]에 17개 업체가 몰렸다.
　　① 市場操作　　② 競爭入札
　　③ 平生敎育　　④ 赤字運營
30. 이 드라마는 노골적인 [　　]로 시청자의 불만이 높다.
　　① 開放學校　　② 間接廣告
　　③ 強制分家　　④ 明示移越

주관식 (주1~주70번)

※ 다음 한자의 훈(뜻)과 음(소리)을 한글로 쓰시오.

주1. 縣　（　　　　）
주2. 鎔　（　　　　）
주3. 肯　（　　　　）
주4. 勵　（　　　　）
주5. 尋　（　　　　）
주6. 雌　（　　　　）
주7. 潭　（　　　　）
주8. 塊　（　　　　）

※ 다음 훈과 음에 맞는 한자를 〈보기〉에서 찾아 쓰시오.

〈보기〉	戈 丘 亮 幻 赦 紳 鴻 湯 顧 焉 翁 譽

주9. 언덕　　　구　　（　　　　）
주10. 허깨비　환　　（　　　　）
주11. 늙은이　옹　　（　　　　）
주12. 끓을　　탕　　（　　　　）
주13. 큰기러기　홍　（　　　　）
주14. 용서할　사　　（　　　　）
주15. 기릴　　예　　（　　　　）

※ 다음 한자어의 독음을 한글로 쓰시오.

주16. 燭淚　（　　　　）
주17. 敍述　（　　　　）
주18. 沈潛　（　　　　）
주19. 揮毫　（　　　　）
주20. 誓約　（　　　　）
주21. 賦課　（　　　　）
주22. 稻作　（　　　　）
주23. 積弊　（　　　　）
주24. 附屬　（　　　　）
주25. 曉晨　（　　　　）
주26. 吏曹　（　　　　）
주27. 鍛鍊　（　　　　）
주28. 腎臟　（　　　　）
주29. 步哨　（　　　　）
주30. 蘭芝島　（　　　　）

※ 〈보기〉의 뜻을 참고하여 ○ 안에 공통으로 들어갈 한자를 쓰시오.

주31. (1) ○力　　　(2) 強○　　（　　　　）

〈보기〉	(1) 누르거나 미는 힘. (2) 강한 힘이나 권력으로 강제로 억누름.

주32. (1) ○弱　　　(2) ○退　　（　　　　）

〈보기〉	(1) 힘이 쇠하고 약함 (2) 기세나 상태가 쇠하여 전보다 못하여 감.

주33. (1) 毒○　　　(2) ○足　　（　　　　）

〈보기〉	(1) 이빨에 독이 있어 독액을 분비하는 뱀. (2) 쓸데없는 군짓을 하여 도리어 잘못되게 함을 이르는 말.

※ ○ 안에 공통으로 들어갈 한자를 〈보기〉에서 찾아 쓰시오.

〈보기〉	旨 硬 儉 俸 優 抄 殿

주34. ○給　　年○　　○祿　　（　　　　）
주35. 要○　　論○　　趣○　　（　　　　）
주36. ○錄　　○啓　　三別○　（　　　　）
주37. 宮○　　○下　　神○　　（　　　　）

※ 문장에서 잘못 쓴 한자를 바르게 고쳐 쓰시오. (단, 음이 같은 한자로 고칠 것)

주38. 마을 앞쪽으로 산들이 竝風처럼 서있다.
　　　　　　　　　　　（　　　→　　　）

주39. 이 사건은 모종의 압력을 받아 卒速으로 처리되었다.　（　　　→　　　）

주40. 여름철 磁外線에 오래 노출되면 피부가 상하기 쉽다.　（　　　→　　　）

※ [   ]안 한자어의 독음을 한글로 쓰시오.

주41. 고려시대 광종은 왕권강화와 호족세력의 약화를 위해 [奴婢按檢法]을 실시하였다.
(   )

주42. [國民住宅] 건설을 위한 대지조성사업이 시행되었다.
(   )

주43. 선생님께서 내일 이번 단원의 [診斷評價]를 실시한다고 말씀하셨다.
(   )

주44. 명절을 앞두고 물류가 급증해서 주문한 물건의 [配送]이 지연되었다.
(   )

주45. [黑白論理]는 입장이 다른 사람들 간의 대화와 타협을 어렵게 만든다.
(   )

주46. 그녀는 이방인의 호의를 [純粹]하게 받아들였다.
(   )

주47. 외딴 [庵子]로 들어가 공부에 매진하였다.
(   )

주48. 다리의 [欄干]에 기대어 유유히 흐르는 강물을 바라보았다.
(   )

주49. 간이역을 걷다 보니 어렸을 때 들었던 [汽笛] 소리가 떠올랐다.
(   )

주50. 작별 편지를 건네받은 그의 심정은 [錯雜]하였다.
(   )

주51. [腰痛]은 노인들이 앓고 있는 대표적인 질병이다.
(   )

주52. 그들은 협동 정신을 기르고 강인한 체력을 [鍊磨]하였다.
(   )

주53. 무더운 여름에 운동했더니 [燥渴]이 났다.
(   )

주54. 뜻밖의 환대와 [隆崇]한 대접을 받았다.
(   )

주55. 간단히 [療飢]를 하고 다음 행선지로 향했다.
(   )

※ [   ]안의 단어를 한자로 쓰시오.

주56. 더 높고 멀리 [도약]하기 위해 신발끈을 고쳐 매었다.
(   )

주57. 그녀는 무대 연습 직전까지 [대본]을 꼼꼼히 읽고 외웠다.
(   )

주58. [인삼]은 고려의 주요 수출품목 중 하나였다.
(   )

주59. 식사 후 [포만감]에 졸음이 쏟아졌다.
(   )

주60. 나는 매달 보험료를 자동 [이체]로 납부하고 있다.
(   )

주61. 대규모 감염병에 대해 집단 [면역]을 시도한 일부 국가가 결국 그들의 실패를 인정하였다.
(   )

주62. 이번 시험은 [함정]에 빠지기 쉬운 문제가 많았다.
(   )

주63. [품사]별로 단어를 정리해보았다.
(   )

주64. 주말을 맞아 [근교]로 당일치기 여행을 떠났다.
(   )

주65. 최근 들어 보험 가입 등을 [권유]하는 광고성 전화가 많이 온다.
(   )

※ 한자성어의 설명을 읽고 ○ 안에 들어갈 한자를 차례대로 쓰시오.

주66. ○ 飛 ○ 散   (,   )

[혼비백산] 몹시 놀라 넋을 잃음.

주67. 鷄 鳴 ○ ○   (,   )

[계명구도] 남을 속이는 하찮은 재주, 또는 그런 재주를 가진 사람.

주68. 一 ○ ○ 地   (,   )

[일패도지] 여지없이 패하여 다시 일어날 수 없게 되는 지경에 이름.

주69. 破 ○ ○ 正   (,   )

[파사현정] 잘못된 견해를 논파하여 바른 진리를 드러냄.

주70. ○ ○ 之 材   (,   )

[동량지재] 집안이나 나라를 떠받치는 중대한 일을 맡을 인재.

– 수고하셨습니다 –

한자실력급수 자격시험 **2급** 연습문제 〈13〉

객관식 (1~30번)

※ [   ]안의 한자와 음이 같은 한자는?

1. [苑] ① 宰　② 采　③ 炳　④ 援
2. [眉] ① 綜　② 迷　③ 濯　④ 劑
3. [鍛] ① 晟　② 逐　③ 檀　④ 辭
4. [卿] ① 徑　② 熹　③ 悶　④ 坡
5. [槿] ① 炯　② 禾　③ 巢　④ 筋

※ [   ]안의 한자와 뜻이 비슷하거나 같은 한자는?

6. [丘] ① 怡　② 荀　③ 陵　④ 司
7. [伴] ① 僑　② 侶　③ 築　④ 剖
8. [閱] ① 覽　② 媒　③ 訣　④ 據

※ [   ]안의 한자와 뜻이 반대되거나 상대되는 한자는?

9. [詳] ① 略　② 覓　③ 凍　④ 諜
10. [泥] ① 臟　② 醉　③ 倦　④ 雲
11. [緩] ① 塘　② 急　③ 垈　④ 杓

※ 〈보기〉의 단어들과 가장 관련이 깊은 한자는?

12.

〈보기〉	불씨	숯불	화덕

　① 俸　② 琮　③ 爐　④ 瞬

13.

〈보기〉	고요	명상	깨달음

　① 僻　② 惑　③ 禪　④ 薛

14.

〈보기〉	음모	뒤통수	배은망덕

　① 叛　② 肪　③ 獲　④ 段

※ 다음 중 한자어의 독음이 바르지 <u>않은</u> 것은?

15. ① 胡蝶 : 호접　② 丸彫 : 궤조
　　③ 信賴 : 신뢰　④ 弑害 : 시해
16. ① 履行 : 이행　② 濕潤 : 습윤
　　③ 絹絲 : 견사　④ 鄰接 : 연접
17. ① 酷毒 : 고독　② 奇拔 : 기발
　　③ 該博 : 해박　④ 西歐 : 서구

※ [   ]안의 단어를 한자로 알맞게 쓴 것은?

18. 사고의 원인을 [규명] 하였다.
　　① 閨明　② 奎明　③ 糾明　④ 規明
19. 하천 [복개]공사가 한창이다.
　　① 覆凱　② 覆慨　③ 覆介　④ 覆蓋
20. [자객]에게 습격을 당해 치명상을 입었다.
　　① 紫客　② 刺客　③ 雌客　④ 恣客

※ 주어진 뜻에 알맞은 한자어는?

21. 호수 등의 물속에 유기물질에 의한 많은 영양물질이 들어 있는 현상.
　　① 副營養化　　② 附營養化
　　③ 富營養化　　④ 腐營養化
22. 안정된 국제 통화 체제의 유지, 발전을 통해 세계 경제의 확대를 도모하고자 설립된 국제기관 (IMF).
　　① 國際通化企金　② 國際通貨企金
　　③ 國際通貨基金　④ 國際通化基金
23. 보험 계약자나 피보험자가 보험 계약을 체결할 때에 중요한 사실을 알리거나, 중요한 사실에 관하여 거짓말을 하지 않을 의무.
　　① 告支義務　　② 告知義務
　　③ 考支義務　　④ 考知義務
24. 장래의 가격상승이나 물품부족을 우려하여 현실적으로 필요하지 않으나 미래를 예측하여 발생하는 외관상의 수요.
　　① 假需要　　② 加需要
　　③ 加收要　　④ 假收要
25. 임금상승을 비롯해 경제여건 변화로 인해 경쟁력을 상실하여 더 이상의 성장에 어려움을 겪는 기업.
　　① 限界企業　　② 上場企業
　　③ 獨占企業　　④ 繼續企業

※ [   ]안에 들어갈 한자어로 알맞은 것은?

26. [   ]에서 글을 읽는 아이들의 소리가 낭랑하게 울려 퍼졌다.
　　① 書堂　② 玉堂　③ 祠堂　④ 殿堂
27. 그녀는 단 한 번의 무대로 [   ]에게 강렬한 인상을 남겼다.
　　① 警察　② 東學　③ 政黨　④ 大衆
28. [   ]는 국민생활의 수준, 사회의 종합적 상태, 사회변화의 예측, 사회개발정책의 성과 등을 측정하는 데 이용되고 있다.
　　① 計劃指標　　② 生物指標
　　③ 社會指標　　④ 成熟指標
29. 동생을 질투하며 [   ] 행동을 보이는 아동에게는 더 많은 칭찬과 관심이 필요하다.
　　① 假現　② 退行　③ 彈力　④ 戰爭
30. 해당 사건의 공개 [   ]에 이목이 집중되었다.
　　① 裁判　② 雇傭　③ 落札　④ 配送

※ 다음 한자의 훈(뜻)과 음(소리)을 한글로 쓰시오.

주1. 軟　（　　　　　）
주2. 匿　（　　　　　）
주3. 融　（　　　　　）
주4. 謂　（　　　　　）
주5. 屍　（　　　　　）
주6. 謙　（　　　　　）
주7. 掌　（　　　　　）
주8. 滄　（　　　　　）

※ 다음 훈과 음에 맞는 한자를 〈보기〉에서 찾아 쓰시오.

〈보기〉	牙 尹 僅 侍 楊 桃 殊 聘 荷 穴 審 禽

주9. 부를　　빙　（　　　　　　）
주10. 겨우　　근　（　　　　　　）
주11. 구멍　　혈　（　　　　　　）
주12. 다스릴　윤　（　　　　　　）
주13. 복숭아　도　（　　　　　　）
주14. 날짐승　금　（　　　　　　）
주15. 모실　　시　（　　　　　　）

※ 다음 한자어의 독음을 한글로 쓰시오.

주16. 魯鈍　（　　　　　）
주17. 秉燭　（　　　　　）
주18. 魂魄　（　　　　　）
주19. 補佐　（　　　　　）
주20. 幣帛　（　　　　　）
주21. 縱橫　（　　　　　）
주22. 牽牛　（　　　　　）
주23. 封神　（　　　　　）
주24. 寢睡　（　　　　　）
주25. 硯滴　（　　　　　）
주26. 踏襲　（　　　　　）
주27. 銃擊　（　　　　　）
주28. 謀陷　（　　　　　）
주29. 瓊玉膏（　　　　　）
주30. 窒塞　（　　　　　）

※ 〈보기〉의 뜻을 참고하여 ○ 안에 공통으로 들어갈 한자를 쓰시오.

주31. (1) ○極　　　　(2) ○測　　　（　　　　）

〈보기〉	(1) 임금이나 어버이의 은혜가 한이 없음. (2) 정상적인 상태에서 어그러져 어이가 없거나 차마 보기가 어려움.

주32. (1) ○取　　　　(2) ○理　　　（　　　　）

〈보기〉	(1) 생물체가 양분 따위를 몸속에 빨아들이는 일. (2) 자연계를 지배하고 있는 원리와 법칙.

주33. (1) ○論　　　　(2) 喪○　　　（　　　　）

〈보기〉	(1) 사회 대중의 공통된 의견. (2) 사람의 시체를 실어서 묘지까지 나르는 도구.

※ ○ 안에 공통으로 들어갈 한자를 〈보기〉에서 찾아 쓰시오.

〈보기〉	臺 屈 僞 狹 諾 賦 艦

주34. 許○　　承○　　受○　　（　　　　）
주35. 燈○　　○本　　舞○　　（　　　　）
주36. ○艇　　旗○　　潛水○　（　　　　）
주37. 天○　　○課　　割○　　（　　　　）

※ 문장에서 잘못 쓴 한자를 바르게 고쳐 쓰시오. (단, 음이 같은 한자로 고칠 것)

주38. "이 몸이 죽고 죽어, 일백 번 고쳐 죽어, 백골이 津土되어, 넋이라도 있고 없고."
　　　　　　　　　　　　（　　→　　）

주39. 그녀는 처음 만나는 사람들과도 激意 없이 잘 어울렸다.　　（　　→　　）

주40. 자동차 매장에서 새 차를 할부로 求入하였다.
　　　　　　　　　　　　（　　→　　）

※ [   ]안 한자어의 독음을 한글로 쓰시오.

주41. 유가하락과 실적부진 등 연이은 [惡材]가 주
가 하락으로 이어졌다.　　　（　　　　）

주42. 고종 32년, [斷髮令]의 공포는 의병 활동
확산에 계기가 되었다.　　　（　　　　）

주43. 다중 [代表訴訟制] 도입에 대한 찬반 의견
이 대립하고 있다.　　　（　　　　）

주44. 실학자 정약용은 [閭田論]이라는 토지 개혁
이론을 주장하였다.　　　（　　　　）

주45. 채권자들은 내달까지 돈을 갚지 않는다면
[假押留]에 들어갈 것이라고 했다.
（　　　　）

주46. 그녀는 갑자기 연락이 [杜絕]되었다.
（　　　　）

주47. 식기를 닦을 때는 이 세제를 물과 1:4의 비율
로 [稀釋]하여 사용하면 좋다.
（　　　　）

주48. 화재 [鎭壓] 중 사망한 소방관들에게 깊은
애도를 표했다.　　　（　　　　）

주49. [拙劣]한 수단으로 승리한 그에게 갈채를 보
내는 이는 없었다.　　　（　　　　）

주50. 고인의 뜻에 따라 유해를 대학 병원에 [寄贈]
했다.　　　（　　　　）

주51. 경찰은 달아난 [竊盜犯]을 체포했다.
（　　　　）

주52. 그는 [累次] 자신의 결백을 주장하였다.
（　　　　）

주53. 국왕의 [崩御] 소식에 백성들은 슬퍼하였다.
（　　　　）

주54. 이 시에서는 [隱喩]의 기법이 주로 사용되었
다.　　　（　　　　）

주55. 도서관 곳곳에는 [靜肅]이라는 푯말이 붙어
있었다.　　　（　　　　）

※ [   ]안의 단어를 한자로 쓰시오.

주56. 담배 연기와 술, 자외선은 대표적인 [발암]
물질이다.　　　（　　　　）

주57. 음악회에 가서는 [휴대]전화기의 전원을 끄는
것이 예의이다.　　　（　　　　）

주58. 아버지는 여전히 [음력]을 기준으로 생일을
챙기신다.　　　（　　　　）

주59. 운동경기에서 [흥분]하는 사람은 지기가 쉽
다.　　　（　　　　）

주60. 나의 발언이 본의와 다르게 [왜곡]되어 와전
되고 있었다.　　　（　　　　）

주61. 건강을 위해 [현미], 보리, 콩 등을 섞은 잡
곡밥을 먹는다.　　　（　　　　）

주62. 날이 저물었지만 마땅히 [숙박]할 곳을 찾지
못했다.　　　（　　　　）

주63. 그의 말은 [교묘]하게 사람의 마음에 파고들
었다.　　　（　　　　）

주64. 이달 말에 상가 [임대] 계약이 종료된다.
（　　　　）

주65. 양측이 서로 양보하여 의견을 [절충]하였다.
（　　　　）

※ 한자성어의 설명을 읽고 ○ 안에 들어갈 한자를
차례대로 쓰시오.

주66. 男 ○ 女 ○　　　（　　　,　　　）

[남부여대] 가난한 사람들이 살 곳을 찾아 이리저리
떠돌아다님을 비유적으로 이르는 말.

주67. ○ 虎 之 ○　　　（　　　,　　　）

[기호지세] 이미 시작한 일을 중도에서 그만둘 수
없는 형세.

주68. 淸 ○ ○ 白　　　（　　　,　　　）

[청렴결백] 마음이 맑고 깨끗하여 재물 욕심 등이
없음.

주69. 四 ○ 無 ○　　　（　　　,　　　）

[사고무친] 주위에 의지할 만한 사람이 전혀 없음.

주70. ○ 私 奉 ○　　　（　　　,　　　）

[멸사봉공] 사욕을 버리고 공익을 위하여 힘씀.

- 수고하셨습니다 -

한자실력급수 자격시험 **2급** 연습문제 〈14〉

객관식 (1~30번)

※ [　]안의 한자와 음이 같은 한자는?
1. [僧] ① 戌　② 伍　③ 升　④ 慘
2. [膽] ① 桑　② 糾　③ 裴　④ 燈
3. [雁] ① 憾　② 鞍　③ 琦　④ 臨
4. [稻] ① 塗　② 覓　③ 塊　④ 炳
5. [岳] ① 滋　② 握　③ 薛　④ 瑕

※ [　]안의 한자와 뜻이 비슷하거나 같은 한자는?
6. [沙] ① 漠　② 泊　③ 沼　④ 沃
7. [絜] ① 輔　② 蛇　③ 亂　④ 煉
8. [滅] ① 絡　② 蠻　③ 遷　④ 消

※ [　]안의 한자와 뜻이 반대되거나 상대되는 한자는?
9. [賓] ① 主　② 藏　③ 晟　④ 罔
10. [舒] ① 離　② 趙　③ 急　④ 醜
11. [偶] ① 禾　② 奇　③ 乳　④ 衡

※ 〈보기〉의 단어들과 가장 관련이 깊은 한자는?

12. | 〈보기〉 | 국 | 한약 | 목욕 |
| --- | --- | --- | --- |

　　① 盾　② 驚　③ 醉　④ 湯

13. | 〈보기〉 | 유죄 | 형기 | 구속 |
| --- | --- | --- | --- |

　　① 戚　② 瞬　③ 餓　④ 獄

14. | 〈보기〉 | 촉 | 깃 | 화살 |
| --- | --- | --- | --- |

　　① 矢　② 撤　③ 剛　④ 被

※ 다음 중 한자어의 독음이 바르지 **않은** 것은?
15. ① 督促 : 독촉　　② 昭詳 : 소양
　　③ 掠奪 : 약탈　　④ 歸屬 : 귀속
16. ① 鄰接 : 인접　　② 捕捉 : 포착
　　③ 絶叫 : 절수　　④ 弄談 : 농담
17. ① 閃光 : 섬광　　② 挑發 : 도발
　　③ 趣旨 : 취지　　④ 垂楊 : 수장

※ [　]안의 단어를 한자로 알맞게 쓴 것은?
18. 장군이 직접 진중의 병사들을 다독이며 전투 의
　　지를 [고취]시켰다.
　　① 庫吹　② 枯吹　③ 鼓吹　④ 孤吹
19. 흡연을 [권유] 받았지만 응하지 않았다.
　　① 勸誘　② 勸猶　③ 勸幼　④ 勸兪
20. 법원은 소명 자료 부족을 이유로 원고의 항소를
　　[기각]했다
　　① 棄却　② 旗却　③ 汽却　④ 豈却

※ 주어진 뜻에 알맞은 한자어는?
21. 초과할 수 없는 최고 한도가 규정된 세율.
　　① 濟限稅率　　　② 制限稅率
　　③ 濟旱稅率　　　④ 制旱稅率
22. 직위의 등급이나 계급이 오름.
　　① 乘進　② 昇進　③ 勝進　④ 承進
23. 수요량이 소비자의 소득이나 가격 변화로 어느
　　정도 변화하는가를 나타내는 지표.
　　① 壽要彈力性　　② 需要誕力性
　　③ 壽要誕力性　　④ 需要彈力性
24. 법원이 채권자를 위하여 나중에 강제 집행을 할
　　목적으로 채무자의 재산을 임시로 확보함.
　　① 假押留　　　　② 暇押留
　　③ 暇押流　　　　④ 假押流
25. 동산이나 부동산 따위와 같은 재산의 경제적 가
　　치를 판단하여 표시한 가격.
　　① 鑑整評價　　　② 鑑定評價
　　③ 感整評價　　　④ 感定評價

※ [　]안에 들어갈 한자어로 알맞은 것은?
26. 일부 주주들이 이사의 행위에 대하여 [　　]을
　　행사하기 위해 소송을 제기하였다.
　　① 工業所有權　　② 新株引受權
　　③ 留止請求權　　④ 國政調查權
27. 잠금장치를 [　　]하였다.
　　① 解除　② 壞死　③ 不渡　④ 檢數
28. 세종조에 편찬된 [　　] 해례본은 국보이자 유
　　네스코 세계 기록 유산이다.
　　① 東史綱目　　　② 東醫寶鑑
　　③ 西遊見聞　　　④ 訓民正音
29. 그들은 허위 진술을 하여 [　　]로 처벌되었다.
　　① 親告罪　　　　② 僞證罪
　　③ 未遂罪　　　　④ 背任罪
30. 올겨울 신상품의 매출은 겨우 [　　]을 넘겼
　　다.
　　① 價格目標點　　② 正金輸送點
　　③ 損益分岐點　　④ 強制檢查點

주관식 (주1~주70번)

※ 다음 한자의 훈(뜻)과 음(소리)을 한글로 쓰시오.

주1. 碧　　（　　　　　）
주2. 零　　（　　　　　）
주3. 槿　　（　　　　　）
주4. 漆　　（　　　　　）
주5. 蘇　　（　　　　　）
주6. 眉　　（　　　　　）
주7. 爵　　（　　　　　）
주8. 蹟　　（　　　　　）

※ 다음 훈과 음에 맞는 한자를 〈보기〉에서 찾아 쓰시오.

〈보기〉	淚 漏 滯 梧 琢 輯 孃 腎 幣 摩 膚 型

주9. 폐백　　폐　　（　　　　　　　）
주10. 아가씨　양　　（　　　　　　　）
주11. 눈물　　루　　（　　　　　　　）
주12. 오동나무　오　（　　　　　　　）
주13. 살갗　　부　　（　　　　　　　）
주14. 막힐　　체　　（　　　　　　　）
주15. 틀　　　형　　（　　　　　　　）

※ 다음 한자어의 독음을 한글로 쓰시오.

주16. 卑劣　（　　　　　）
주17. 壓迫　（　　　　　）
주18. 華僑　（　　　　　）
주19. 擁護　（　　　　　）
주20. 滿朔　（　　　　　）
주21. 御殿　（　　　　　）
주22. 偏狹　（　　　　　）
주23. 誇示　（　　　　　）
주24. 頭緖　（　　　　　）
주25. 幹部　（　　　　　）
주26. 絹紡　（　　　　　）
주27. 棟梁　（　　　　　）
주28. 廢鑛　（　　　　　）
주29. 振幅　（　　　　　）
주30. 將帥　（　　　　　）

※ 〈보기〉의 뜻을 참고하여 ○ 안에 공통으로 들어갈 한자를 쓰시오.

주31. (1) ○聲　　　(2) 拳○　　（　　　　　）

〈보기〉	(1) 총을 쏠 때에 나는 소리. (2) 한 손으로 다룰 수 있는 짧고 작은 총

주32. (1) 貯○　　　(2) 含○　　（　　　　　）

〈보기〉	(1) 절약하여 모아 둠. (2) 겉으로 드러내지 아니하고 속에 간직함.

주33. (1) ○視　　　(2) ○固　　（　　　　　）

〈보기〉	(1) 눈길을 모아 한 곳을 똑바로 바라봄. (2) 액체 따위가 엉겨서 뭉쳐 딱딱하게 굳어짐.

※ ○ 안에 공통으로 들어갈 한자를 〈보기〉에서 찾아 쓰시오.

〈보기〉	療 奢 劣 糖 軟 飾 諜

주34. 裝○　　服○　　修○　　（　　　　　）
주35. 診○　　○飢　　治○　　（　　　　　）
주36. ○尿　　果○　　無 加○　（　　　　　）
주37. ○報　　間○　　○者　　（　　　　　）

※ 문장에서 잘못 쓴 한자를 바르게 고쳐 쓰시오.
（단, 음이 같은 한자로 고칠 것）

주38. 규정 속도를 衛反한 차량을 집중 단속하기로
　　　하였다.　　　　　　（　　　→　　　）

주39. 당신을 모욕할 생각은 秋豪도 없었습니다.
　　　　　　　　　　　　（　　　→　　　）

주40. 느닷없는 사고 소식에 衷擊을 받았다.
　　　　　　　　　　　　（　　　→　　　）

※ [   ]안 한자어의 독음을 한글로 쓰시오.

주41. 일부 동물의 울음소리는 인간의 [可聽範圍]를 넘어 들을 수 없다.　(　　　)

주42. 칸트와 헤겔은 [觀念論]의 대표적인 철학자이다.　(　　　)

주43. 자각 증상이 없기 때문에 [肝硬化]와 같은 병은 조기에 발견되지 않는 수가 많다.　(　　　)

주44. 경주 옥산서원에는 고려시대 김부식이 편찬한 [三國史記]의 완질본이 소장되어 있었다.　(　　　)

주45. [最低賃金]의 인상을 둘러싼 각계각층의 의견이 분분하다.　(　　　)

주46. 청나라 정부는 아편을 [沒收]하고 아편 무역을 금지하였다.　(　　　)

주47. 약국에서 [調劑]한 약을 샀다.　(　　　)

주48. 전통 [染色]은 자연에서 나는 열매나 나뭇잎 따위를 이용한다.　(　　　)

주49. 아내의 [獻身的]인 간호 덕분에 기사회생할 수 있었다.　(　　　)

주50. 이 고장 사람들의 [淳厚]한 인심은 어디서도 찾아보기 어렵다.　(　　　)

주51. [割賦]로 자동차를 구매하였다.　(　　　)

주52. 장수가 쏜 화살이 큰 [抛物線]을 그리며 과녁에 꽂혔다.　(　　　)

주53. 그 당시 경찰은 시위하는 시민들에게 최루탄을 [撒布]했다.　(　　　)

주54. [破碎] 작업을 통해 폐기물의 부피를 줄였다.　(　　　)

주55. 실업자를 재교육하고 일자리를 [斡旋]하는 일이 그녀의 업무이다.　(　　　)

※ [   ]안의 단어를 한자로 쓰시오.

주56. 눈이 내린 뒤 사흘간 [혹한]이 계속되었다.　(　　　)

주57. 잠시 [침묵]이 흘렀다.　(　　　)

주58. [인적]이 드문 골목길에 가로등과 비상벨이 설치되었다.　(　　　)

주59. 이 제품을 제작하기 위해서는 [정교]한 손기술이 필요하다.　(　　　)

주60. 이것은 사전 [예약]을 통해서만 구입할 수 있었던 한정판 제품이다.　(　　　)

주61. 늦잠을 자다가 늦었다는 그의 말은 정말 궁색한 [변명]이다.　(　　　)

주62. 배우가 대사를 잊어 연기를 멈추자 무대 위에 [잠시] 정적이 흘렀다.　(　　　)

주63. 이 [축대]는 붕괴될 위험이 있다.　(　　　)

주64. 금어기가 해제되고 올해 대게가 첫 [출하]되었다.　(　　　)

주65. 어린 시절 그의 집안 살림은 매우 [궁색]하였다.　(　　　)

※ 한자성어의 설명을 읽고 ○ 안에 들어갈 한자를 차례대로 쓰시오.

주66. ○上○花　(　　　,　　　)

[금상첨화] 좋은 일 위에 또 좋은 일이 더하여짐.

주67. 天○地○　(　　　,　　　)

[천방지축] 못난 사람이 종작없이 덤벙임.

주68. ○○之馬　(　　　,　　　)

[새옹지마] 인생의 길흉화복은 변화가 많아서 예측하기가 어렵다는 말.

주69. ○到○密　(　　　,　　　)

[주도면밀] 주의가 두루 미쳐 자세하고 빈틈이 없음.

주70. 萬○○波　(　　　,　　　)

[만경창파] 한없이 넓고 넓은 바다.

- 수고하셨습니다 -

한자실력급수 자격시험 2급 연습문제 〈15〉

객관식 (1~30번)

※ [   ]안의 한자와 음이 같은 한자는?
1. [廟] ① 滴　② 苗　③ 頗　④ 鎰
2. [俳] ① 憨　② 瞬　③ 配　④ 召
3. [狡] ① 燒　② 阪　③ 姜　④ 僑
4. [碩] ① 析　② 羞　③ 紫　④ 拙
5. [菊] ① 樟　② 局　③ 旌　④ 掌

※ [   ]안의 한자와 뜻이 비슷하거나 같은 한자는?
6. [抛] ① 棄　② 弊　③ 排　④ 蠻
7. [贈] ① 營　② 廢　③ 碧　④ 呈
8. [寂] ① 蔽　② 寞　③ 祿　④ 騏

※ [   ]안의 한자와 뜻이 반대되거나 상대되는 한자는?
9. [緯] ① 裏　② 館　③ 經　④ 珪
10. [含] ① 杓　② 吐　③ 轉　④ 綿
11. [毀] ① 螢　② 跳　③ 雄　④ 譽

※ 〈보기〉의 단어들과 가장 관련이 깊은 한자는?

12.

〈보기〉	약	주사	수술

　① 療　② 庵　③ 稻　④ 擴

13.

〈보기〉	돌	붓	먹물

　① 賴　② 忽　③ 硯　④ 侶

14.

〈보기〉	귀	당근	털

　① 兔　② 措　③ 斜　④ 殆

※ 다음 중 한자어의 독음이 바르지 <u>않은</u> 것은?
15. ① 祕訣 : 비결　② 携帶 : 휴대
　③ 飜譯 : 번역　④ 參酌 : 참조
16. ① 諒解 : 양해　② 閨秀 : 계수
　③ 建坪 : 건평　④ 鼎談 : 정담
17. ① 漆板 : 칠판　② 專貰 : 전채
　③ 蓋然 : 개연　④ 朝餐 : 조찬

※ [   ]안의 단어를 한자로 알맞게 쓴 것은?
18. 막내딸인 나는 어머니의 [총애]를 받고 자랐다.
　① 聰愛　② 銃愛　③ 寵愛　④ 叢愛
19. 층간 [소음]은 공동 주택 주민 간에 심각한 갈
　등의 원인이 되기도 한다.
　① 昭音　② 巢音　③ 紹音　④ 騷音
20. 내가 힘들 때 네가 한 말들은 나에게 [위로]가 됐다.
　① 慰勞　② 委勞　③ 衛勞　④ 謂勞

※ 주어진 뜻에 알맞은 한자어는?
21. 열을 가하면 빛깔을 내는 화학 물질을 표면에 칠
　한 종이.
　① 感熱紙　② 感熱脂
　③ 鑑熱脂　④ 鑑熱紙
22. 회사에서 이사회의 임원이면서 동시에 그 회사의
　다른 직무도 수행하는 사람.
　① 內部理士　② 內部理事
　③ 內部履士　④ 內部履事
23. 형기가 끝나지 않은 죄수를 일정한 조건하에 미
　리 풀어 주는 행정 처분.
　① 假席放　② 假釋防
　③ 假席防　④ 假釋放
24. 일정한 자격이나 조건을 갖추고 증권거래소에 등
　록되어 매매되고 있는 주식.
　① 商場株式　② 上場株式
　③ 商場珠式　④ 上場珠式
25. 거래량은 늘지 않으나 상품 가격이 오름으로써
　기업의 수익이 늘고 경기가 좋아지는 현상.
　① 加格境氣　② 加格景氣
　③ 價格景氣　④ 價格境氣

※ [   ]안에 들어갈 한자어로 알맞은 것은?
26. [   ]는 임진왜란 이후로 위상과 실권이 크게
　약해졌다.
　① 議政府　② 司憲府
　③ 總督府　④ 義禁府
27. 여러 [   ]가 겹치면서 주가가 오백 선 아래
　로 폭락했다.
　① 軍需　② 惡材　③ 職務　④ 空買
28. 노후에 [   ]을 수령하기 위해서는 소정의 가
　입 기간을 채워야 한다.
　① 信託資金　② 減債積金
　③ 高利貸金　④ 國民年金
29. 산업혁명기의 영국은 중앙은행에서 금을 보유하고
　이를 파운드로 바꿔주는 [   ]를 실시하였다.
　① 金本位制度　② 義務兵制度
　③ 還付制度　④ 管理通貨制度
30. 수입이 [   ]에 못 미친다면 개인회생을 신청
　할 수 없다.
　① 事前製作費　② 間接物流費
　③ 長期入院費　④ 最低生計費

※ 다음 한자의 훈(뜻)과 음(소리)을 한글로 쓰시오.

주1. 斬　　　（　　　　　　　）
주2. 墻　　　（　　　　　　　）
주3. 霸　　　（　　　　　　　）
주4. 脣　　　（　　　　　　　）
주5. 誦　　　（　　　　　　　）
주6. 戴　　　（　　　　　　　）
주7. 厭　　　（　　　　　　　）
주8. 拘　　　（　　　　　　　）

※ 다음 훈과 음에 맞는 한자를 〈보기〉에서 찾아 쓰시오.

〈보기〉	竟 卑 夷 偶 狗 悽 慘 軌 誇 頻 載 赴

주9. 낮을　　비　　（　　　　　　　）
주10. 짝　　　우　　（　　　　　　　）
주11. 개　　　구　　（　　　　　　　）
주12. 슬플　　처　　（　　　　　　　）
주13. 마침내　경　　（　　　　　　　）
주14. 다다를　부　　（　　　　　　　）
주15. 굴대　　궤　　（　　　　　　　）

※ 다음 한자어의 독음을 한글로 쓰시오.

주16. 分泌　　（　　　　　　　）
주17. 欺瞞　　（　　　　　　　）
주18. 添附　　（　　　　　　　）
주19. 鎔鑛　　（　　　　　　　）
주20. 豪傑　　（　　　　　　　）
주21. 閏朔　　（　　　　　　　）
주22. 龜裂　　（　　　　　　　）
주23. 貴妃　　（　　　　　　　）
주24. 煩惱　　（　　　　　　　）
주25. 凱旋　　（　　　　　　　）
주26. 竹筍　　（　　　　　　　）
주27. 激勵　　（　　　　　　　）
주28. 欽慕　　（　　　　　　　）
주29. 隷屬　　（　　　　　　　）
주30. 樹液　　（　　　　　　　）

※ 〈보기〉의 뜻을 참고하여 ○ 안에 공통으로 들어갈 한자를 쓰시오.

주31. (1) 刹○　　　　(2) ○落　　　（　　　　　）

〈보기〉	(1) 어떤 일이나 사물 현상이 일어나는 바로 그때. (2) 벗어나기 어려운 절망적인 상황을 비유적으로 이르는 말.

주32. (1) ○縮　　　　(2) ○張　　　（　　　　　）

〈보기〉	(1) 늘고 줄어듦. 또는 늘이고 줄임. (2) 세력이나 권리 따위가 늘어남.

주33. (1) 家○　　　　(2) ○産　　　（　　　　　）

〈보기〉	(1) 집에서 기르는 짐승. (2) 가축을 길러 생활에 유용한 물질을 생산하는 일.

※ ○ 안에 공통으로 들어갈 한자를 〈보기〉에서 찾아 쓰시오.

〈보기〉	掘　渡　傍　僅　邪　衍　蔑

주34. ○觀　　○白　　○聽 客　　（　　　　　）
주35. 讓○　　○河　　賣○　　（　　　　　）
주36. 奸○　　○念　　斥○　　（　　　　　）
주37. 輕○　　○視　　侮○　　（　　　　　）

※ 문장에서 잘못 쓴 한자를 바르게 고쳐 쓰시오. (단, 음이 같은 한자로 고칠 것)

주38. 어머니께서 黨尿로 고생하고 계시다.
　　　　　　　　　　　（　　　　→　　　　）

주39. 그는 超戒艦에서 근무하고 있다.
　　　　　　　　　　　（　　　　→　　　　）

주40. 그는 송어 養飾에 종사하고 있다.
　　　　　　　　　　　（　　　　→　　　　）

※ [   ]안 한자어의 독음을 한글로 쓰시오.

주41. 이 커피는 [公正貿易] 인증을 받은 원두로
만들었다.   (   )
주42. 재판부는 원고의 [抗訴] 를 기각하였다.
                               (   )
주43. 국내 은행의 [不實與信]이 감소하는 추세이
다.   (   )
주44. 최근 국제 경제 한파로 [限界企業]이 급증
하고 있다.   (   )
주45. [課稅標準]에 세율을 곱하여 세액이 결정된
다.   (   )
주46. 그는 비록 [夭折]하였지만 절후의 작품을 남
겼다.   (   )
주47. 장마철 벼의 해충을 [驅除]하느라 농부의 손
길이 바빠지고 있다.   (   )
주48. 이 사건은 법원에 [繫留] 중이다.
                               (   )
주49. 신제품 출시를 앞두고 대대적인 [販促]을 벌
였다.   (   )
주50. 고대 사회에는 망자의 무덤에 살아있는 사람
을 함께 묻는 [殉葬]풍습도 있었다.
                               (   )
주51. 올 수능시험은 [辨別]력이 뚜렷이 드러났다.
                               (   )
주52. 정찰병은 [觸角]을 곤두세우고 적진의 동태
를 살폈다.   (   )
주53. 목숨이 [頃刻]에 달렸다.
                               (   )
주54. 일제의 수탈과 [彈壓]에 저항하려는 움직임
이 곳곳에서 있었다.   (   )
주55. 주말 나들이 차량으로 인해 고속도로 일부가
[停滯]되었다.   (   )

※ [   ]안의 단어를 한자로 쓰시오.

주56. 그의 위험한 행동에 [간담]이 서늘해졌다.
                               (   )
주57. 그 문제는 문화적인 [맥락]에서 생각해 보아
야 한다.   (   )

주58. 정부는 저금리 상황에서 위축된 경기를 활성
화하기 위해 양적 [완화]를 실시하였다.
                               (   )
주59. 음력 20일경 이후에는 [하현]이 된 달을 볼
수 있다.   (   )
주60. 사고 현장에 경찰이 [긴급] 출동하였다.
                               (   )
주61. 이번 일은 더욱 [신중]을 기해야 했다.
                               (   )
주62. 내일은 [화요일]이다.   (   )
주63. "그동안 [안녕]하셨는지요?"
                               (   )
주64. 숨겨왔던 비밀을 폭로한 그의 [자서전]은 큰
파장을 일으켰다.   (   )
주65. 그녀는 생애 처음으로 경매에 [입찰]해 보았
다.   (   )

※ 한자성어의 설명을 읽고 ○ 안에 들어갈 한자를
차례대로 쓰시오.

주66. ○ 官 ○ 吏   (,   )

[탐관오리] 백성의 재물을 탐내어 빼앗는, 행실이
깨끗하지 못한 관리.

주67. 榮 ○ 盛 ○   (,   )

[영고성쇠] 인생이나 사물의 번성함과 쇠락함이 서
로 바뀜.

주68. ○ 首 苦 ○   (,   )

[학수고대] 간절히 기다림.

주69. 靑 出 ○ ○   (,   )

[청출어람] 제자나 후배가 스승이나 선배보다 나음.

주70. 發 ○ ○ 食   (,   )

[발분망식] 끼니까지도 잊을 정도로 어떤 일에 열중
하여 노력함.

- 수고하셨습니다 -

모범답안

〈 1 〉 ■ 객관식 ■

문항	정답	문항	정답	문항	정답
1	④	11	②	21	③
2	③	12	③	22	④
3	②	13	④	23	②
4	①	14	①	24	①
5	③	15	②	25	①
6	②	16	③	26	③
7	①	17	③	27	②
8	④	18	④	28	①
9	①	19	①	29	②
10	④	20	②	30	①

〈 2 〉 ■ 객관식 ■

문항	정답	문항	정답	문항	정답
1	②	11	③	21	①
2	①	12	④	22	④
3	③	13	②	23	③
4	④	14	④	24	②
5	④	15	①	25	①
6	①	16	③	26	④
7	③	17	④	27	④
8	②	18	④	28	④
9	①	19	③	29	③
10	②	20	①	30	①

〈 3 〉 ■ 객관식 ■

문항	정답	문항	정답	문항	정답
1	②	11	②	21	④
2	③	12	④	22	①
3	④	13	④	23	②
4	①	14	②	24	③
5	①	15	③	25	①
6	③	16	①	26	④
7	②	17	③	27	③
8	④	18	④	28	②
9	①	19	②	29	①
10	③	20	①	30	①

〈 1 〉 ■ 주관식 ■

문항	정답	문항	정답
주1	소금 염	주36	哭
주2	공 훈	주37	趣
주3	늦을 안	주38	休 → 携
주4	새장 롱	주39	素 → 蘇
주5	넘을 월	주40	磨 → 摩
주6	떨어질 타	주41	간접광고
주7	그릇될 류	주42	누범
주8	뿌릴 파	주43	보호관찰
주9	鷗	주44	청해진
주10	墻	주45	심리치료
주11	腰	주46	박물관
주12	戚	주47	근신
주13	膽	주48	소주
주14	狂	주49	애도
주15	埋	주50	압수
주16	원단	주51	확산
주17	익사	주52	오수
주18	염세	주53	구사
주19	찬사	주54	모반
주20	수모	주55	이체
주21	구애	주56	永訣式
주22	비굴	주57	染色
주23	울적	주58	恐怖
주24	분쇄	주59	同封
주25	저촉	주60	民弊
주26	앙화	주61	惡臭
주27	구축	주62	軍靴
주28	번식	주63	漁網
주29	장려	주64	閨秀
주30	재단	주65	寡婦
주31	割	주66	森，象
주32	遷	주67	蜜，劍
주33	碑	주68	顧，廬
주34	奏	주69	滅，裂
주35	蔘	주70	事，魔

〈 2 〉 ■ 주관식 ■

문항	정답	문항	정답
주1	사로잡을 로	주36	拔
주2	티끌 진	주37	折
주3	그물 망	주38	敢 → 鑑
주4	두루미/학 학	주39	査 → 辭
주5	따를 수	주40	額 → 液
주6	쉴 게	주41	관할
주7	아교 교	주42	수출면장
주8	빌 도	주43	차관
주9	渡	주44	교육예산
주10	累	주45	군수
주11	糖	주46	변명
주12	歪	주47	차단
주13	瓜	주48	피랍
주14	忌	주49	패권
주15	葛	주50	농성
주16	반려자	주51	검열
주17	서거	주52	유감
주18	괴사	주53	우울
주19	총포	주54	신뢰
주20	핵융합	주55	서한
주21	파직	주56	漂流
주22	담연	주57	開催
주23	소홀	주58	回顧
주24	선방	주59	暗誦
주25	포유	주60	監獄
주26	왜적	주61	閉鎖
주27	공작	주62	炊事
주28	비옥	주63	僻地
주29	모험	주64	怪漢
주30	관건	주65	鼓吹
주31	緊	주66	割，據
주32	匿	주67	街，巷
주33	程	주68	晨，省
주34	蜜	주69	頭，狗
주35	昇	주70	必，滅

〈 3 〉 ■ 주관식 ■

문항	정답	문항	정답
주1	물방울 적	주36	誘
주2	문서 부	주37	換
주3	사나울 학	주38	師 → 辭
주4	무딜 둔	주39	的 → 笛
주5	꿰맬 봉	주40	選 → 膳
주6	싸움배 함	주41	가석방
주7	둘레 권	주42	실업률
주8	답답할 울	주43	심의
주9	煩	주44	사회지표
주10	默	주45	실질임금
주11	憩	주46	포로
주12	核	주47	철저
주13	析	주48	철회
주14	酌	주49	관대
주15	錦	주50	추대
주16	권태	주51	예치
주17	섬영	주52	의상
주18	희극	주53	동료
주19	갱유	주54	완수
주20	노옹	주55	감정
주21	현상	주56	拍手
주22	뇌성	주57	巷間
주23	안항	주58	明朗
주24	염직	주59	偏狹
주25	사약	주60	割引
주26	장막	주61	揭揚
주27	탁마	주62	簡素
주28	결핍	주63	蛇足
주29	항소	주64	需要
주30	백중	주65	求乞
주31	託	주66	荷，杖
주32	濫	주67	切，腐
주33	忽	주68	愼，蓄
주34	濃	주69	螢，雪
주35	牙	주70	觸，發

모범답안

〈 4 〉

■ 객관식 ■

문항	정답	문항	정답	문항	정답
1	③	11	③	21	①
2	②	12	②	22	④
3	①	13	③	23	③
4	④	14	④	24	②
5	②	15	②	25	②
6	③	16	①	26	①
7	④	17	③	27	④
8	①	18	④	28	②
9	①	19	①	29	②
10	④	20	②	30	④

■ 주관식 ■

문항	정답	문항	정답
주1	가죽신 화	주36	割
주2	목맬 교	주37	透
주3	빛날 희	주38	皇 → 況
주4	부추길 사	주39	確 → 擴
주5	단련할 단	주40	諫 → 簡
주6	윤달 윤	주41	반등
주7	바꿀 체	주42	창립총회
주8	한 일	주43	승급
주9	閏	주44	연면적
주10	興	주45	기호학파
주11	猛	주46	삽화
주12	粟	주47	알현
주13	肩	주48	누차
주14	僻	주49	훼방
주15	矢	주50	억압
주16	촉매제	주51	봉쇄
주17	분무	주52	자긍심
주18	안마	주53	누락
주19	선박	주54	번복
주20	재상	주55	준수
주21	연유	주56	吉夢
주22	압류	주57	傷痕
주23	매장	주58	稱讚
주24	시위	주59	信賴
주25	은폐	주60	卑俗
주26	초본	주61	嘉尙
주27	보필	주62	菊花
주28	영지	주63	豫買
주29	약관	주64	蝶泳
주30	신병	주65	螢光燈
주31	臭	주66	附 , 雷
주32	滑	주67	泥 , 狗
주33	越	주68	汗 , 棟
주34	幅	주69	權 , 謀
주35	酌	주70	換 , 胎

〈 5 〉

■ 객관식 ■

문항	정답	문항	정답	문항	정답
1	①	11	④	21	④
2	④	12	③	22	①
3	②	13	④	23	③
4	③	14	②	24	②
5	③	15	④	25	②
6	②	16	①	26	①
7	④	17	①	27	④
8	①	18	②	28	②
9	①	19	③	29	①
10	②	20	④	30	③

■ 주관식 ■

문항	정답	문항	정답
주1	가늘 섬	주36	巧
주2	막을 차	주37	迫
주3	찰 축	주38	鎭 → 診
주4	졸 수	주39	返 → 搬
주5	감출 장	주40	蓄 → 縮
주6	거둘 확	주41	심사
주7	이웃 린	주42	척화비
주8	재앙 화	주43	개축
주9	禾	주44	특별징수
주10	憐	주45	고소
주11	醉	주46	감회
주12	粒	주47	제압
주13	幹	주48	허기
주14	泥	주49	남용
주15	塵	주50	운치
주16	오염	주51	첨예
주17	능멸	주52	순환
주18	완만	주53	초록
주19	전복	주54	횡액
주20	양귀비	주55	청사
주21	면밀	주56	不振
주22	의연	주57	珠玉
주23	잠적	주58	隔差
주24	장부	주59	賃金
주25	벽안	주60	錯誤
주26	남이	주61	惻隱
주27	구취	주62	攝取
주28	익명	주63	垂直
주29	구현	주64	胎夢
주30	협궤	주65	幻想
주31	迷	주66	塗 , 炭
주32	趨	주67	傲 , 節
주33	裁	주68	滄 , 粟
주34	陷	주69	牽 , 會
주35	漫	주70	無 , 縫

〈 6 〉

■ 객관식 ■

문항	정답	문항	정답	문항	정답
1	④	11	④	21	④
2	③	12	①	22	①
3	①	13	④	23	③
4	②	14	②	24	②
5	④	15	③	25	③
6	①	16	④	26	①
7	③	17	①	27	④
8	②	18	③	28	④
9	③	19	②	29	②
10	②	20	④	30	②

■ 주관식 ■

문항	정답	문항	정답
주1	제비 연	주36	幹
주2	딸 적	주37	凍
주3	누에 잠	주38	較 → 僑
주4	짐승 수	주39	彬 → 賓
주5	훔칠 절	주40	悟 → 汚
주6	무덤 분	주41	강박
주7	물리칠 각	주42	위증죄
주8	못날 졸	주43	규장각
주9	蜂	주44	낙찰
주10	兎	주45	재판
주11	腎	주46	괘념
주12	崩	주47	융자
주13	靴	주48	참신
주14	曉	주49	유독
주15	汗	주50	소란
주16	좌랑	주51	방청객
주17	유사	주52	홀대
주18	처참	주53	변천
주19	연심	주54	포기
주20	현몰	주55	흔적
주21	편집	주56	蒼空
주22	포획	주57	化粧
주23	후두	주58	木鐸
주24	최촉	주59	腐敗
주25	함닉	주60	連載
주26	영요	주61	衝突
주27	횡사	주62	緩行
주28	혼탁	주63	金剛山
주29	기갈	주64	零細
주30	현수막	주65	措置
주31	謁	주66	脈 , 通
주32	蒙	주67	漸 , 境
주33	膠	주68	杜 , 不
주34	廉	주69	堂 , 狗
주35	審	주70	唱 , 隨

모범답안

<table>
<tr><td colspan="6">〈 7 〉</td><td colspan="6">〈 8 〉</td><td colspan="6">〈 9 〉</td></tr>
<tr><td colspan="6">■ 객관식 ■</td><td colspan="6">■ 객관식 ■</td><td colspan="6">■ 객관식 ■</td></tr>
<tr><td>문항</td><td>정답</td><td>문항</td><td>정답</td><td>문항</td><td>정답</td><td>문항</td><td>정답</td><td>문항</td><td>정답</td><td>문항</td><td>정답</td><td>문항</td><td>정답</td><td>문항</td><td>정답</td><td>문항</td><td>정답</td></tr>
<tr><td>1</td><td>③</td><td>11</td><td>④</td><td>21</td><td>③</td><td>1</td><td>①</td><td>11</td><td>②</td><td>21</td><td>④</td><td>1</td><td>②</td><td>11</td><td>②</td><td>21</td><td>④</td></tr>
<tr><td>2</td><td>①</td><td>12</td><td>③</td><td>22</td><td>①</td><td>2</td><td>③</td><td>12</td><td>④</td><td>22</td><td>②</td><td>2</td><td>③</td><td>12</td><td>③</td><td>22</td><td>③</td></tr>
<tr><td>3</td><td>②</td><td>13</td><td>④</td><td>23</td><td>④</td><td>3</td><td>④</td><td>13</td><td>①</td><td>23</td><td>③</td><td>3</td><td>④</td><td>13</td><td>③</td><td>23</td><td>①</td></tr>
<tr><td>4</td><td>④</td><td>14</td><td>③</td><td>24</td><td>③</td><td>4</td><td>②</td><td>14</td><td>③</td><td>24</td><td>①</td><td>4</td><td>①</td><td>14</td><td>①</td><td>24</td><td>①</td></tr>
<tr><td>5</td><td>③</td><td>15</td><td>①</td><td>25</td><td>③</td><td>5</td><td>④</td><td>15</td><td>④</td><td>25</td><td>④</td><td>5</td><td>③</td><td>15</td><td>④</td><td>25</td><td>①</td></tr>
<tr><td>6</td><td>④</td><td>16</td><td>②</td><td>26</td><td>④</td><td>6</td><td>①</td><td>16</td><td>②</td><td>26</td><td>④</td><td>6</td><td>④</td><td>16</td><td>②</td><td>26</td><td>④</td></tr>
<tr><td>7</td><td>②</td><td>17</td><td>②</td><td>27</td><td>④</td><td>7</td><td>③</td><td>17</td><td>④</td><td>27</td><td>④</td><td>7</td><td>①</td><td>17</td><td>③</td><td>27</td><td>②</td></tr>
<tr><td>8</td><td>①</td><td>18</td><td>①</td><td>28</td><td>②</td><td>8</td><td>②</td><td>18</td><td>②</td><td>28</td><td>④</td><td>8</td><td>②</td><td>18</td><td>①</td><td>28</td><td>③</td></tr>
<tr><td>9</td><td>②</td><td>19</td><td>③</td><td>29</td><td>②</td><td>9</td><td>①</td><td>19</td><td>①</td><td>29</td><td>②</td><td>9</td><td>①</td><td>19</td><td>④</td><td>29</td><td>③</td></tr>
<tr><td>10</td><td>①</td><td>20</td><td>④</td><td>30</td><td>①</td><td>10</td><td>③</td><td>20</td><td>③</td><td>30</td><td>①</td><td>10</td><td>④</td><td>20</td><td>②</td><td>30</td><td>②</td></tr>
<tr><td colspan="6">■ 주관식 ■</td><td colspan="6">■ 주관식 ■</td><td colspan="6">■ 주관식 ■</td></tr>
<tr><td>문항</td><td colspan="2">정답</td><td>문항</td><td colspan="2">정답</td><td>문항</td><td colspan="2">정답</td><td>문항</td><td colspan="2">정답</td><td>문항</td><td colspan="2">정답</td><td>문항</td><td colspan="2">정답</td></tr>
<tr><td>주1</td><td colspan="2">위로할 위</td><td>주36</td><td colspan="2">譯</td><td>주1</td><td colspan="2">다를 수</td><td>주36</td><td colspan="2">猛</td><td>주1</td><td colspan="2">무리 속</td><td>주36</td><td colspan="2">闕</td></tr>
<tr><td>주2</td><td colspan="2">지름길 경</td><td>주37</td><td colspan="2">靴</td><td>주2</td><td colspan="2">끌어잡을 섭</td><td>주37</td><td colspan="2">昧</td><td>주2</td><td colspan="2">겨우 근</td><td>주37</td><td colspan="2">賃</td></tr>
<tr><td>주3</td><td colspan="2">힘줄 근</td><td>주38</td><td colspan="2">喜 → 稀</td><td>주3</td><td colspan="2">낮을 탄</td><td>주38</td><td colspan="2">殖 → 飾</td><td>주3</td><td colspan="2">뽑을 추</td><td>주38</td><td colspan="2">周 → 奏</td></tr>
<tr><td>주4</td><td colspan="2">용서할 사</td><td>주39</td><td colspan="2">抄 → 焦</td><td>주4</td><td colspan="2">복숭아 도</td><td>주39</td><td colspan="2">僞 → 慰</td><td>주4</td><td colspan="2">물리칠 배</td><td>주39</td><td colspan="2">圖 → 挑</td></tr>
<tr><td>주5</td><td colspan="2">총 총</td><td>주40</td><td colspan="2">無 → 霧</td><td>주5</td><td colspan="2">꽂을 삽</td><td>주40</td><td colspan="2">近 → 僅</td><td>주5</td><td colspan="2">높이들 게</td><td>주40</td><td colspan="2">諾 → 絡</td></tr>
<tr><td>주6</td><td colspan="2">천천히 서</td><td>주41</td><td colspan="2">불체포특권</td><td>주6</td><td colspan="2">돌 선</td><td>주41</td><td colspan="2">부도</td><td>주6</td><td colspan="2">맛볼/일찍이 상</td><td>주41</td><td colspan="2">수행평가</td></tr>
<tr><td>주7</td><td colspan="2">떨칠 분</td><td>주42</td><td colspan="2">삼국유사</td><td>주7</td><td colspan="2">새벽 효</td><td>주42</td><td colspan="2">잠재하자</td><td>주7</td><td colspan="2">흐릴 탁</td><td>주42</td><td colspan="2">일몰제</td></tr>
<tr><td>주8</td><td colspan="2">쓸개 담</td><td>주43</td><td colspan="2">해제</td><td>주8</td><td colspan="2">고요할 적</td><td>주43</td><td colspan="2">성균관</td><td>주8</td><td colspan="2">슬퍼할 도</td><td>주43</td><td colspan="2">내부지분율</td></tr>
<tr><td>주9</td><td colspan="2">哨</td><td>주44</td><td colspan="2">보호무역</td><td>주9</td><td colspan="2">孰</td><td>주44</td><td colspan="2">구매승인서</td><td>주9</td><td colspan="2">恐</td><td>주44</td><td colspan="2">상장기업</td></tr>
<tr><td>주10</td><td colspan="2">嘗</td><td>주45</td><td colspan="2">과점</td><td>주10</td><td colspan="2">膠</td><td>주45</td><td colspan="2">보복관세</td><td>주10</td><td colspan="2">抄</td><td>주45</td><td colspan="2">민중</td></tr>
<tr><td>주11</td><td colspan="2">枚</td><td>주46</td><td colspan="2">추도식</td><td>주11</td><td colspan="2">朗</td><td>주46</td><td colspan="2">중매</td><td>주11</td><td colspan="2">肝</td><td>주46</td><td colspan="2">징후</td></tr>
<tr><td>주12</td><td colspan="2">虜</td><td>주47</td><td colspan="2">정적</td><td>주12</td><td colspan="2">晨</td><td>주47</td><td colspan="2">태교</td><td>주12</td><td colspan="2">珠</td><td>주47</td><td colspan="2">기습</td></tr>
<tr><td>주13</td><td colspan="2">厥</td><td>주48</td><td colspan="2">삼엄</td><td>주13</td><td colspan="2">厭</td><td>주48</td><td colspan="2">용렬</td><td>주13</td><td colspan="2">似</td><td>주48</td><td colspan="2">시사</td></tr>
<tr><td>주14</td><td colspan="2">惹</td><td>주49</td><td colspan="2">소장</td><td>주14</td><td colspan="2">閱</td><td>주49</td><td colspan="2">원격</td><td>주14</td><td colspan="2">翼</td><td>주49</td><td colspan="2">개최</td></tr>
<tr><td>주15</td><td colspan="2">屍</td><td>주50</td><td colspan="2">기부</td><td>주15</td><td colspan="2">捉</td><td>주50</td><td colspan="2">주재</td><td>주15</td><td colspan="2">雷</td><td>주50</td><td colspan="2">교량</td></tr>
<tr><td>주16</td><td colspan="2">궤적</td><td>주51</td><td colspan="2">급등</td><td>주16</td><td colspan="2">설총</td><td>주51</td><td colspan="2">함축</td><td>주16</td><td colspan="2">홍안</td><td>주51</td><td colspan="2">알성시</td></tr>
<tr><td>주17</td><td colspan="2">구축</td><td>주52</td><td colspan="2">수사</td><td>주17</td><td colspan="2">참시</td><td>주52</td><td colspan="2">고취</td><td>주17</td><td colspan="2">준마</td><td>주52</td><td colspan="2">적막</td></tr>
<tr><td>주18</td><td colspan="2">타루</td><td>주53</td><td colspan="2">갱도</td><td>주18</td><td colspan="2">사유</td><td>주53</td><td colspan="2">만찬</td><td>주18</td><td colspan="2">억겁</td><td>주53</td><td colspan="2">부임</td></tr>
<tr><td>주19</td><td colspan="2">겁박</td><td>주54</td><td colspan="2">울창</td><td>주19</td><td colspan="2">용액</td><td>주54</td><td colspan="2">갈등</td><td>주19</td><td colspan="2">편벽</td><td>주54</td><td colspan="2">해협</td></tr>
<tr><td>주20</td><td colspan="2">지루</td><td>주55</td><td colspan="2">현무암</td><td>주20</td><td colspan="2">명찰</td><td>주55</td><td colspan="2">겸손</td><td>주20</td><td colspan="2">지루</td><td>주55</td><td colspan="2">선발</td></tr>
<tr><td>주21</td><td colspan="2">약탈</td><td>주56</td><td colspan="2">放漫</td><td>주21</td><td colspan="2">증산</td><td>주56</td><td colspan="2">診脈</td><td>주21</td><td colspan="2">마작</td><td>주56</td><td colspan="2">偶像</td></tr>
<tr><td>주22</td><td colspan="2">황폐</td><td>주57</td><td colspan="2">樓閣</td><td>주22</td><td colspan="2">비강</td><td>주57</td><td colspan="2">典型</td><td>주22</td><td colspan="2">포도</td><td>주57</td><td colspan="2">紳士</td></tr>
<tr><td>주23</td><td colspan="2">참상</td><td>주58</td><td colspan="2">伸縮</td><td>주23</td><td colspan="2">박장</td><td>주58</td><td colspan="2">城郭</td><td>주23</td><td colspan="2">장기</td><td>주58</td><td colspan="2">凍傷</td></tr>
<tr><td>주24</td><td colspan="2">노둔</td><td>주59</td><td colspan="2">購買</td><td>주24</td><td colspan="2">엽기</td><td>주59</td><td colspan="2">冥福</td><td>주24</td><td colspan="2">오리</td><td>주59</td><td colspan="2">盟誓</td></tr>
<tr><td>주25</td><td colspan="2">환멸</td><td>주60</td><td colspan="2">和暢</td><td>주25</td><td colspan="2">괴질</td><td>주60</td><td colspan="2">豪雨</td><td>주25</td><td colspan="2">창파</td><td>주60</td><td colspan="2">枯渴</td></tr>
<tr><td>주26</td><td colspan="2">재봉</td><td>주61</td><td colspan="2">換氣</td><td>주26</td><td colspan="2">쾌도</td><td>주61</td><td colspan="2">矛盾</td><td>주26</td><td colspan="2">환영</td><td>주61</td><td colspan="2">隔週</td></tr>
<tr><td>주27</td><td colspan="2">건반</td><td>주62</td><td colspan="2">端緒</td><td>주27</td><td colspan="2">초조</td><td>주62</td><td colspan="2">該當</td><td>주27</td><td colspan="2">혐오</td><td>주62</td><td colspan="2">煉炭</td></tr>
<tr><td>주28</td><td colspan="2">액정</td><td>주63</td><td colspan="2">雨傘</td><td>주28</td><td colspan="2">몽환</td><td>주63</td><td colspan="2">廉恥</td><td>주28</td><td colspan="2">장애</td><td>주63</td><td colspan="2">灰色</td></tr>
<tr><td>주29</td><td colspan="2">희롱</td><td>주64</td><td colspan="2">蜜月</td><td>주29</td><td colspan="2">번민</td><td>주64</td><td colspan="2">王妃</td><td>주29</td><td colspan="2">파수</td><td>주64</td><td colspan="2">按摩</td></tr>
<tr><td>주30</td><td colspan="2">현미경</td><td>주65</td><td colspan="2">颱風</td><td>주30</td><td colspan="2">조처</td><td>주65</td><td colspan="2">附錄</td><td>주30</td><td colspan="2">백규</td><td>주65</td><td colspan="2">慧眼</td></tr>
<tr><td>주31</td><td colspan="2">罷</td><td>주66</td><td>群</td><td>鶴</td><td>주31</td><td colspan="2">震</td><td>주66</td><td>魚</td><td>濁</td><td>주31</td><td colspan="2">衷</td><td>주66</td><td>累</td><td>危</td></tr>
<tr><td>주32</td><td colspan="2">似</td><td>주67</td><td>矯</td><td>殺</td><td>주32</td><td colspan="2">醉</td><td>주67</td><td>鬼</td><td>沒</td><td>주32</td><td colspan="2">傘</td><td>주67</td><td>後</td><td>畏</td></tr>
<tr><td>주33</td><td colspan="2">幽</td><td>주68</td><td>拔</td><td>源</td><td>주33</td><td colspan="2">枯</td><td>주68</td><td>脣</td><td>寒</td><td>주33</td><td colspan="2">僞</td><td>주68</td><td>貪</td><td>失</td></tr>
<tr><td>주34</td><td colspan="2">鑛</td><td>주69</td><td>鼓</td><td>擊</td><td>주34</td><td colspan="2">糾</td><td>주69</td><td>齊</td><td>眉</td><td>주34</td><td colspan="2">菓</td><td>주69</td><td>掌</td><td>鳴</td></tr>
<tr><td>주35</td><td colspan="2">酸</td><td>주70</td><td>隔</td><td>感</td><td>주35</td><td colspan="2">融</td><td>주70</td><td>柔</td><td>剛</td><td>주35</td><td colspan="2">朗</td><td>주70</td><td>撤</td><td>夜</td></tr>
</table>

모범답안

〈 10 〉

■ 객관식 ■

문항	정답	문항	정답	문항	정답
1	③	11	③	21	③
2	①	12	①	22	④
3	④	13	④	23	①
4	②	14	②	24	②
5	①	15	①	25	④
6	②	16	③	26	①
7	④	17	①	27	③
8	③	18	④	28	②
9	②	19	③	29	①
10	④	20	②	30	③

■ 주관식 ■

문항	정답	문항	정답
주1	칠 격	주36	睡
주2	벨/나눌 할	주37	暢
주3	겨레 척	주38	命 → 冥
주4	그림자 영	주39	踐 → 薦
주5	비계 지	주40	脫 → 奪
주6	눈깜짝할 순	주41	관료주의
주7	꿀 밀	주42	낙태죄
주8	박달나무 단	주43	변호사
주9	坑	주44	골다공증
주10	俱	주45	압력단체
주11	賜	주46	담보
주12	釣	주47	억울
주13	斜	주48	도전
주14	汚	주49	요원
주15	酷	주50	접영
주16	무릉	주51	추문
주17	추발	주52	찬란
주18	녹봉	주53	근정전
주19	괴수	주54	하자
주20	사량	주55	둔탁
주21	내장	주56	高齡
주22	매몰	주57	罔極
주23	연고	주58	寄贈
주24	별첨	주59	凍破
주25	누전	주60	徹夜
주26	봉황	주61	遲刻
주27	무희	주62	竝行
주28	과묵	주63	分裂
주29	의뢰	주64	旋回
주30	작록	주65	皮膚
주31	慢	주66	爐 , 點
주32	稚	주67	弄 , 璋
주33	脈	주68	乘 , 驅
주34	疾	주69	梁 , 君
주35	媒	주70	哺 , 捉

〈 11 〉

■ 객관식 ■

문항	정답	문항	정답	문항	정답
1	①	11	③	21	①
2	②	12	①	22	③
3	③	13	②	23	②
4	④	14	①	24	④
5	④	15	④	25	①
6	②	16	③	26	②
7	①	17	②	27	②
8	③	18	③	28	④
9	④	19	①	29	④
10	②	20	④	30	②

■ 주관식 ■

문항	정답	문항	정답
주1	엉길 응	주36	徵
주2	줄 증	주37	閣
주3	아이밸 태	주38	掃 → 紹
주4	베낄 등	주39	弘 → 洪
주5	어릴 몽	주40	冬 → 凍
주6	언덕/아첨할 아	주41	손익분기점
주7	넓힐 확	주42	의정부
주8	배부를 포	주43	일조권
주9	閥	주44	긴급피난
주10	偵	주45	청문회
주11	潭	주46	유치
주12	暫	주47	길몽
주13	脂	주48	매체
주14	尋	주49	삽도
주15	郊	주50	기발
주16	융액	주51	황당
주17	복식	주52	장악
주18	추잡	주53	호사
주19	흔적	주54	자문
주20	경위	주55	매장
주21	취기	주56	蔑視
주22	촉박	주57	核武器
주23	요도	주58	夭折
주24	적멸	주59	虛僞
주25	배반	주60	圓滑
주26	혐의	주61	養殖
주27	연민	주62	箱子
주28	질식	주63	周旋
주29	오읍	주64	恭遜
주30	쌍검	주65	撤收
주31	劇	주66	釋 , 卷
주32	寡	주67	禍 , 召
주33	影	주68	紅 , 裳
주34	催	주69	錦 , 還
주35	爵	주70	實 , 符

〈 12 〉

■ 객관식 ■

문항	정답	문항	정답	문항	정답
1	④	11	④	21	②
2	①	12	①	22	①
3	②	13	④	23	④
4	③	14	③	24	③
5	①	15	①	25	④
6	④	16	②	26	②
7	③	17	③	27	③
8	②	18	①	28	①
9	③	19	②	29	②
10	②	20	④	30	②

■ 주관식 ■

문항	정답	문항	정답
주1	고을 현	주36	抄
주2	녹일 용	주37	殿
주3	즐길 긍	주38	竝 → 屛
주4	힘쓸 려	주39	卒 → 拙
주5	찾을 심	주40	磁 → 紫
주6	암컷 자	주41	노비안검법
주7	못 담	주42	국민주택
주8	흙덩이 괴	주43	진단평가
주9	丘	주44	배송
주10	幻	주45	흑백논리
주11	翁	주46	순수
주12	湯	주47	암자
주13	鴻	주48	난간
주14	赦	주49	기적
주15	譽	주50	착잡
주16	촉루	주51	요통
주17	서술	주52	연마
주18	침잠	주53	조갈
주19	휘호	주54	융숭
주20	서약	주55	요기
주21	부과	주56	跳躍
주22	도작	주57	臺本
주23	적폐	주58	人蔘
주24	부속	주59	飽滿感
주25	효신	주60	移替
주26	이조	주61	免疫
주27	단련	주62	陷穽
주28	신장	주63	品詞
주29	보초	주64	近郊
주30	난지도	주65	勸誘
주31	壓	주66	魂 , 魄
주32	衰	주67	狗 , 盜
주33	蛇	주68	敗 , 塗
주34	俸	주69	邪 , 顯
주35	旨	주70	棟 , 梁

모범답안

〈 13 〉

■ 객관식 ■

문항	정답	문항	정답	문항	정답
1	④	11	②	21	③
2	②	12	③	22	③
3	③	13	③	23	②
4	①	14	①	24	①
5	④	15	②	25	①
6	③	16	④	26	①
7	②	17	①	27	④
8	①	18	③	28	④
9	①	19	④	29	②
10	④	20	②	30	③

■ 주관식 ■

문항	정답	문항	정답
주1	연할 연	주36	艦
주2	숨을 닉	주37	賦
주3	녹을/화할 융	주38	津 → 塵
주4	이를 위	주39	激 → 隔
주5	주검 시	주40	求 → 購
주6	겸손할 겸	주41	악재
주7	손바닥 장	주42	단발령
주8	큰바다 창	주43	대표소송제
주9	聘	주44	여전론
주10	僅	주45	가압류
주11	穴	주46	두절
주12	尹	주47	희석
주13	桃	주48	진압
주14	禽	주49	졸렬
주15	侍	주50	기증
주16	노둔	주51	절도범
주17	병촉	주52	누차
주18	혼백	주53	붕어
주19	보좌	주54	은유
주20	폐백	주55	정숙
주21	종횡	주56	發癌
주22	견우	주57	携帶
주23	봉신	주58	陰曆
주24	침수	주59	興奮
주25	연적	주60	歪曲
주26	답습	주61	玄米
주27	총격	주62	宿泊
주28	모함	주63	巧妙
주29	경옥고	주64	賃貸
주30	질색	주65	折衷
주31	罔	주66	負, 戴
주32	攝	주67	騎, 勢
주33	輿	주68	廉, 潔
주34	諾	주69	顧, 親
주35	臺	주70	滅, 公

〈 14 〉

■ 객관식 ■

문항	정답	문항	정답	문항	정답
1	③	11	②	21	②
2	④	12	④	22	②
3	②	13	④	23	④
4	①	14	①	24	①
5	②	15	②	25	④
6	①	16	③	26	④
7	③	17	④	27	①
8	④	18	③	28	③
9	①	19	①	29	④
10	③	20	①	30	③

■ 주관식 ■

문항	정답	문항	정답
주1	푸를 벽	주36	糖
주2	떨어질 령	주37	諜
주3	무궁화 근	주38	衛 → 違
주4	옻 칠	주39	豪 → 毫
주5	깨어날 소	주40	衷 → 衝
주6	눈썹 미	주41	가청범위
주7	벼슬/잔 작	주42	관념론
주8	자취 적	주43	간경화
주9	幣	주44	삼국사기
주10	孃	주45	최저임금
주11	淚	주46	몰수
주12	梧	주47	조제
주13	膚	주48	염색
주14	滯	주49	헌신적
주15	型	주50	순후
주16	비열	주51	할부
주17	압박	주52	포물선
주18	화교	주53	살포
주19	옹호	주54	파쇄
주20	만삭	주55	알선
주21	어전	주56	酷寒
주22	편협	주57	沈默
주23	과시	주58	人跡/迹
주24	두서	주59	精巧
주25	간부	주60	豫約
주26	견방	주61	辨明
주27	동량	주62	暫時
주28	폐광	주63	築臺
주29	진폭	주64	出荷
주30	장수	주65	窮塞
주31	銃	주66	錦, 添
주32	蓄	주67	方, 軸
주33	凝	주68	塞, 翁
주34	飾	주69	周, 綿
주35	療	주70	頃, 蒼

〈 15 〉

■ 객관식 ■

문항	정답	문항	정답	문항	정답
1	②	11	④	21	①
2	③	12	①	22	②
3	④	13	③	23	④
4	①	14	①	24	②
5	②	15	④	25	③
6	①	16	②	26	④
7	④	17	②	27	②
8	②	18	③	28	④
9	③	19	④	29	①
10	②	20	①	30	④

■ 주관식 ■

문항	정답	문항	정답
주1	벨 참	주36	邪
주2	담 장	주37	蔑
주3	으뜸 패	주38	黨 → 糖
주4	입술 순	주39	超 → 哨
주5	욀 송	주40	飾 → 殖
주6	일 대	주41	공정무역
주7	싫을 염	주42	항소
주8	잡을 구	주43	부실여신
주9	卑	주44	한계기업
주10	偶	주45	과세표준
주11	狗	주46	요절
주12	悽	주47	구제
주13	竟	주48	계류
주14	赴	주49	판촉
주15	軌	주50	순장
주16	분비	주51	변별
주17	기만	주52	촉각
주18	첨부	주53	경각
주19	용광	주54	탄압
주20	호걸	주55	정체
주21	윤삭	주56	肝膽
주22	균열	주57	脈絡
주23	귀비	주58	緩和
주24	번뇌	주59	下弦
주25	개선	주60	緊急
주26	죽순	주61	愼重
주27	격려	주62	火曜日
주28	흠모	주63	安寧
주29	예속	주64	自敍傳
주30	수액	주65	入札
주31	邪	주66	貪, 汚
주32	伸	주67	枯, 衰
주33	畜	주68	鶴, 待
주34	傍	주69	於, 藍
주35	渡	주70	愼, 忘

국가공인 한자자격시험 답안지

사범, 1 ~ 3급 응시자용

주관 : (사)한자교육진흥회
시행 : 한국한자실력평가원

1 1

회차	제 회	응시등급	문제유형
감독관 확인	(서명)	사범 ○	A형 ○
		1급 ○	
		2급 ○	B형 ○
		3급 ○	

성 명

수 험 번 호

생 년 월 일

채점위원확인란
(응시자표기금지)

(초 검)

(재 검)

객 관 식 답 안 란

문번	답	문번	답	문번	답
1	① ② ③ ④	16	① ② ③ ④	31	① ② ③ ④
2	① ② ③ ④	17	① ② ③ ④	32	① ② ③ ④
3	① ② ③ ④	18	① ② ③ ④	33	① ② ③ ④
4	① ② ③ ④	19	① ② ③ ④	34	① ② ③ ④
5	① ② ③ ④	20	① ② ③ ④	35	① ② ③ ④
6	① ② ③ ④	21	① ② ③ ④	36	① ② ③ ④
7	① ② ③ ④	22	① ② ③ ④	37	① ② ③ ④
8	① ② ③ ④	23	① ② ③ ④	38	① ② ③ ④
9	① ② ③ ④	24	① ② ③ ④	39	① ② ③ ④
10	① ② ③ ④	25	① ② ③ ④	40	① ② ③ ④
11	① ② ③ ④	26	① ② ③ ④	41	① ② ③ ④
12	① ② ③ ④	27	① ② ③ ④	42	① ② ③ ④
13	① ② ③ ④	28	① ② ③ ④	43	① ② ③ ④
14	① ② ③ ④	29	① ② ③ ④	44	① ② ③ ④
15	① ② ③ ④	30	① ② ③ ④	45	① ② ③ ④
				46	① ② ③ ④
				47	① ② ③ ④
				48	① ② ③ ④
				49	① ② ③ ④
				50	① ② ③ ④

※ 답안지 작성요령

1. 객관식 답은 해당번호에 검정색 펜으로 표기
   ▶ 바른표기 예 : ●
   ▶ 틀린표기 예 : ◐ ⊙ ✓ ⊗
2. 객관식 답을 수정할 때는 수정테이프를 사용
3. 객관식 답을 수정할 때는 두줄로 긋고 작성
4. 본 답안지를 구기거나 훼손하지 마시오.

주관식 답안란

문항	주관식 답안란	초검	재검	문항		초검	재검
주1		○	○	주16		○	○
주2		○	○	주17		○	○
주3		○	○	주18		○	○
주4		○	○	주19		○	○
주5		○	○	주20		○	○
주6		○	○	주21		○	○
주7		○	○	주22		○	○
주8		○	○	주23		○	○
주9		○	○	주23		○	○
주10		○	○	주25		○	○
주11		○	○	주26		○	○
주12		○	○	주27		○	○
주13		○	○	주28		○	○
주14		○	○	주29		○	○
주15		○	○	주30		○	○

※ 응시자는 채점란의 ○표에 표기하지 마시오.

1 2

문항	주관식 답안란	초검	재검	문항	주관식 답안란	초검	재검	문항	주관식 답안란	초검	재검	문항	사범, 1급 답안란 (2, 3급은 작성불가)	초검	재검	문항	사범, 1급 답안란 (2, 3급은 작성불가)	초검	재검
주31		○	○	주46		○	○	주61		○	○	주75		○	○	주90		○	○
주32		○	○	주47		○	○	주62		○	○	주76		○	○	주91		○	○
주33		○	○	주48		○	○	주63		○	○	주77		○	○	주92		○	○
주34		○	○	주49		○	○	주64		○	○	주78		○	○	주93		○	○
주35		○	○	주50		○	○	주65		○	○	주79		○	○	주94		○	○
주36		○	○	주51		○	○	주66		○	○	주80		○	○	주95		○	○
주37		○	○	주52		○	○	주67		○	○	주81		○	○	주96		○	○
주38		○	○	주53		○	○	주68		○	○	주82		○	○	주97		○	○
주39		○	○	주53		○	○	주68		○	○	주83		○	○	주98		○	○
주40		○	○	주55		○	○	주70		○	○	주84		○	○	주99		○	○
주41		○	○	주56		○	○	주85	사범, 1급 답안란 (2, 3급은 작성불가)			주85		○	○				
주42		○	○	주57		○	○	주71		○	○	주86		○	○	주100		○	○
주43		○	○	주58		○	○	주72		○	○	주87		○	○				
주44		○	○	주59		○	○	주73		○	○	주88		○	○	사범II점수 (응시자 표기금지)	①②③④⑤⑥⑦⑧⑨ ⓪①②③④⑤⑥⑦⑧⑨ ⓪①②③④⑤⑥⑦⑧⑨		
주55		○	○	주60		○	○	주74		○	○	주89		○	○				

국가공인 한자자격시험 답안지

사범, 1 ~ 3급 응시자용

주관 : (사)한자교육진흥회
시행 : 한국한자실력평가원

1 1

회차 / 응시등급 / 문제유형

회 차	제 회	응시등급		문제유형	
감독관 확 인	(서명)	사범	○	A형	○
		1급	○		
		2급	○	B형	○
		3급	○		

성 명

수 험 번 호

생 년 월 일

채점위원확인란
(응시자표기금지)

(초 검)

(재 검)

객 관 식 답 안 란

1	① ② ③ ④	16	① ② ③ ④	3	① ② ③ ④
2	① ② ③ ④	17	① ② ③ ④	32	① ② ③ ④
3	① ② ③ ④	18	① ② ③ ④	33	① ② ③ ④
4	① ② ③ ④	19	① ② ③ ④	34	① ② ③ ④
5	① ② ③ ④	20	① ② ③ ④	35	① ② ③ ④
6	① ② ③ ④	21	① ② ③ ④	36	① ② ③ ④
7	① ② ③ ④	22	① ② ③ ④	37	① ② ③ ④
8	① ② ③ ④	23	① ② ③ ④	38	① ② ③ ④
9	① ② ③ ④	24	① ② ③ ④	39	① ② ③ ④
10	① ② ③ ④	25	① ② ③ ④	40	① ② ③ ④
11	① ② ③ ④	26	① ② ③ ④	41	① ② ③ ④
12	① ② ③ ④	27	① ② ③ ④	42	① ② ③ ④
13	① ② ③ ④	28	① ② ③ ④	43	① ② ③ ④
14	① ② ③ ④	29	① ② ③ ④	44	① ② ③ ④
15	① ② ③ ④	30	① ② ③ ④	45	① ② ③ ④
				46	① ② ③ ④
				47	① ② ③ ④
				48	① ② ③ ④
				49	① ② ③ ④
				50	① ② ③ ④

※ 답안지 작성요령

1. 객관식 답은 해당번호에 검정색 펜으로 표기
   ▶ 바른표기 예 : ●
   ▶ 틀린표기 예 : ◑ ⊙ ⊘ ⊗
2. 객관식 답을 수정할 때는 수정테이프를 사용
3. 객관식 답을 수정할 때는 두줄로 긋고 작성
4. 본 답안지를 구기거나 훼손하지 마시오.

주관식 답안란

문항	주관식 답안란	초검	재검	문항		초검	재검
주 1		○	○	주 16		○	○
주 2		○	○	주 17		○	○
주 3		○	○	주 18		○	○
주 4		○	○	주 19		○	○
주 5		○	○	주 20		○	○
주 6		○	○	주 21		○	○
주 7		○	○	주 22		○	○
주 8		○	○	주 23		○	○
주 9		○	○	주 23		○	○
주 10		○	○	주 25		○	○
주 11		○	○	주 26		○	○
주 12		○	○	주 27		○	○
주 13		○	○	주 28		○	○
주 14		○	○	주 29		○	○
주 15		○	○	주 30		○	○

※ 응시자는 채점란의 ○표에 표기하지 마시오.

1 2

문항	주관식 답안란	초검	재검	문항	주관식 답안란	초검	재검	문항	주관식 답안란	초검	재검	문항	사범, 1급 답안란 (2, 3급은 작성불가)	초검	재검	문항	사범, 1급 답안란 (2, 3급은 작성불가)	초검	재검
주31		○	○	주46		○	○	주61		○	○	주75		○	○	주90		○	○
주32		○	○	주47		○	○	주62		○	○	주76		○	○	주91		○	○
주33		○	○	주48		○	○	주63		○	○	주77		○	○	주92		○	○
주34		○	○	주49		○	○	주64		○	○	주78		○	○	주93		○	○
주35		○	○	주50		○	○	주65		○	○	주79		○	○	주94		○	○
주36		○	○	주51		○	○	주66		○	○	주80		○	○	주95		○	○
주37		○	○	주52		○	○	주67		○	○	주81		○	○	주96		○	○
주38		○	○	주53		○	○	주68		○	○	주82		○	○	주97		○	○
주39		○	○	주53		○	○	주68		○	○	주83		○	○	주98		○	○
주40		○	○	주55		○	○	주70		○	○	주84		○	○	주99		○	○
주41		○	○	주56		○	○		사범, 1급 답안란 (2, 3급은 작성불가)	○	○	주85		○	○				
주42		○	○	주57		○	○	주71		○	○	주86		○	○	주100		○	○
주43		○	○	주58		○	○	주72		○	○	주87		○	○				
주44		○	○	주59		○	○	주73		○	○	주88		○	○	사범II점수 (응시자 표기금지)	①②③④⑤⑥⑦⑧⑨ / ⓪①②③④⑤⑥⑦⑧⑨ / ⓪①②③④⑤⑥⑦⑧⑨		
주55		○	○	주60		○	○	주74		○	○	주89		○	○				

국가공인 한자자격시험 답안지

사범, 1 ~ 3급 응시자용

주관 : (사)한자교육진흥회
시행 : 한국한자실력평가원

1 1

회 차	제 회	응시등급		문제유형	
감독관 확 인	(서명)	사범	○	A형	○
		1급	○		
		2급	○	B형	○
		3급	○		

성 명

수 험 번 호

생 년 월 일

채점위원확인란
(응시자표기금지)

(초 검)

(재 검)

객관식 답안란

1	①②③④	16	①②③④	3	①②③④
2	①②③④	17	①②③④	32	①②③④
3	①②③④	18	①②③④	33	①②③④
4	①②③④	19	①②③④	34	①②③④
5	①②③④	20	①②③④	35	①②③④
6	①②③④	21	①②③④	36	①②③④
7	①②③④	22	①②③④	37	①②③④
8	①②③④	23	①②③④	38	①②③④
9	①②③④	24	①②③④	39	①②③④
10	①②③④	25	①②③④	40	①②③④
11	①②③④	26	①②③④	41	①②③④
12	①②③④	27	①②③④	42	①②③④
13	①②③④	28	①②③④	43	①②③④
14	①②③④	29	①②③④	44	①②③④
15	①②③④	30	①②③④	45	①②③④
				46	①②③④
				47	①②③④
				48	①②③④
				49	①②③④
				50	①②③④

※ 답안지 작성요령

1. 객관식 답은 해당번호에 검정색 펜으로 표기
   ▶ 바른표기 예 : ●
   ▶ 틀린표기 예 : ◑ ⊙ ✓ ⊗
2. 객관식 답을 수정할 때는 수정테이프를 사용
3. 객관식 답을 수정할 때는 두줄로 긋고 작성
4. 본 답안지를 구기거나 훼손하지 마시오.

주관식 답안란

문항	주관식 답안란	초검	재검	문항		초검	재검
주1		○	○	주16		○	○
주2		○	○	주17		○	○
주3		○	○	주18		○	○
주4		○	○	주19		○	○
주5		○	○	주20		○	○
주6			○	주21		○	○
주7		○	○	주22		○	○
주8				주23		○	○
주9				주23		○	○
주10		○	○	주25		○	○
주11		○	○	주26		○	○
주12		○	○	주27		○	○
주13		○	○	주28		○	○
주14		○	○	주29		○	○
주15		○	○	주30		○	○

※ 응시자는 채점란의 ○표에 표기하지 마시오.

문항	주관식 답안란	초검	재검	문항	주관식 답안란	초검	재검	문항	주관식 답안란	초검	재검	문항	사범, 1급 답안란 (2, 3급은 작성불가)	초검	재검	문항	사범, 1급 답안란 (2, 3급은 작성불가)	초검	재검
주31		○	○	주46		○	○	주61		○	○	주75		○	○	주90		○	○
주32		○	○	주47		○	○	주62		○	○	주76		○	○	주91		○	○
주33		○	○	주48		○	○	주63		○	○	주77		○	○	주92		○	○
주34		○	○	주49		○	○	주64		○	○	주78		○	○	주93		○	○
주35		○	○	주50		○	○	주65		○	○	주79		○	○	주94		○	○
주36		○	○	주51		○	○	주66		○	○	주80		○	○	주95		○	○
주37		○	○	주52		○	○	주67		○	○	주81		○	○	주96		○	○
주38		○	○	주53		○	○	주68		○	○	주82		○	○	주97		○	○
주39		○	○	주53		○	○	주68		○	○	주83		○	○	주98		○	○
주40		○	○	주55		○	○	주70		○	○	주84		○		주99		○	○
주41		○	○	주56		○	○	사범, 1급 답안란 (2, 3급은 작성불가)				주85		○					
주42		○	○	주57		○	○	주71		○	○	주86		○	○	주100			
주43		○	○	주58		○	○	주72		○	○	주87		○	○			○	○
주44		○	○	주59		○	○	주73		○	○	주88		○	○	사범II점수 (응시자 표기금지)	①②③④⑤⑥⑦⑧⑨ / ⓪①②③④⑤⑥⑦⑧⑨ / ⓪①②③④⑤⑥⑦⑧⑨		
주55		○	○	주60		○	○	주74		○	○	주89		○	○				

국가공인 한자자격시험 답안지

사범, 1 ~ 3급 응시자용

주관 : (사)한자교육진흥회
시행 : 한국한자실력평가원

1 1

회 차	제 회	응시등급		문제유형	
감독관 확 인	(서명)	사범	○	A형	○
		1급	○		
		2급	○	B형	○
		3급	○		

성 명	

수 험 번 호

생 년 월 일

채점위원확인란
(응시자표기금지)

(초 검)

(재 검)

객 관 식 답 안 란

1	①②③④	16	①②③④	3	①②③④
2	①②③④	17	①②③④	32	①②③④
3	①②③④	18	①②③④	33	①②③④
4	①②③④	19	①②③④	34	①②③④
5	①②③④	20	①②③④	35	①②③④
6	①②③④	21	①②③④	36	①②③④
7	①②③④	22	①②③④	37	①②③④
8	①②③④	23	①②③④	38	①②③④
9	①②③④	24	①②③④	39	①②③④
10	①②③④	25	①②③④	40	①②③④
11	①②③④	26	①②③④	41	①②③④
12	①②③④	27	①②③④	42	①②③④
13	①②③④	28	①②③④	43	①②③④
14	①②③④	29	①②③④	44	①②③④
15	①②③④	30	①②③④	45	①②③④
46	①②③④				
47	①②③④				
48	①②③④				
49	①②③④				
50	①②③④				

※ 답안지 작성요령

1. 객관식 답은 해당번호에 검정색 펜으로 표기
 ▶ 바른표기 예 : ●
 ▶ 틀린표기 예 : ◐ ⊙ ✓ ⊗
2. 객관식 답을 수정할 때는 수정테이프를 사용
3. 객관식 답을 수정할 때는 두줄로 긋고 작성
4. 본 답안지를 구기거나 훼손하지 마시오.

주관식 답안란

문항	주관식 답안란	초검	재검	문항		초검	재검
주1		○	○	주16		○	○
주2		○	○	주17		○	○
주3				주18		○	○
주4				주19			
주5		○		주20			
주6		○		주21			
주7		○		주22			
주8				주23			
주9		○		주23			
주10		○	○	주25			
주11				주26			
주12		○		주27			
주13		○		주28			
주14		○		주29		○	○
주15		○		주30		○	○

※ 응시자는 채점란의 ○표에 표기하지 마시오.

1 2

문항	주관식 답안란	초검	재검	문항	주관식 답안란	초검	재검	문항	주관식 답안란	초검	재검	문항	사범, 1급 답안란 (2, 3급은 작성불가)	초검	재검	문항	사범, 1급 답안란 (2, 3급은 작성불가)	초검	재검
주31		○	○	주46		○	○	주61		○	○	주75		○	○	주90		○	○
주32		○	○	주47		○	○	주62		○	○	주76		○	○	주91		○	○
주33		○	○	주48		○	○	주63		○	○	주77		○	○	주92		○	○
주34		○	○	주49		○	○	주64		○	○	주78		○	○	주93		○	○
주35		○	○	주50		○	○	주65		○	○	주79		○	○	주94		○	○
주36		○	○	주51		○	○	주66		○	○	주80		○	○	주95		○	○
주37		○	○	주52		○	○	주67		○	○	주81		○	○	주96		○	○
주38		○	○	주53		○	○	주68		○	○	주82		○	○	주97		○	○
주39		○	○	주53		○	○	주68		○	○	주83		○	○	주98		○	○
주40		○	○	주55		○	○	주70		○	○	주84		○		주99		○	○
주41		○	○	주56		○	○		사범, 1급 답안란 (2, 3급은 작성불가)			주85		○					
주42		○	○	주57		○	○	주71		○	○	주86		○		주100		○	○
주43		○	○	주58		○	○	주72		○	○	주87		○					
주44		○	○	주59		○	○	주73		○	○	주88		○	○	사범II점수			
주55		○	○	주60		○	○	주74		○	○	주89		○	○				

사범II점수 (응시자 표기금지)

① ② ③ ④ ⑤ ⑥ ⑦ ⑧ ⑨
⓪ ① ② ③ ④ ⑤ ⑥ ⑦ ⑧ ⑨
⓪ ① ② ③ ④ ⑤ ⑥ ⑦ ⑧ ⑨

국가공인 한자자격시험 답안지

주관 : (사)한자교육진흥회
시행 : 한국한자실력평가원

1 1

사범, 1 ~ 3급 응시자용

회 차	제 회	응시등급		문제유형	
감독관 확 인	(서명)	사범	○	A형	○
		1급	○		
		2급	○	B형	○
		3급	○		

성 명

수 험 번 호

생 년 월 일

채점위원확인란
(응시자표기금지)

(초 검)

(재 검)

객 관 식 답 안 란

1	① ② ③ ④	16	① ② ③ ④	3	① ② ③ ④
2	① ② ③ ④	17	① ② ③ ④	32	① ② ③ ④
3	① ② ③ ④	18	① ② ③ ④	33	① ② ③ ④
4	① ② ③ ④	19	① ② ③ ④	34	① ② ③ ④
5	① ② ③ ④	20	① ② ③ ④	35	① ② ③ ④
6	① ② ③ ④	21	① ② ③ ④	36	① ② ③ ④
7	① ② ③ ④	22	① ② ③ ④	37	① ② ③ ④
8	① ② ③ ④	23	① ② ③ ④	38	① ② ③ ④
9	① ② ③ ④	24	① ② ③ ④	39	① ② ③ ④
10	① ② ③ ④	25	① ② ③ ④	40	① ② ③ ④
11	① ② ③ ④	26	① ② ③ ④	41	① ② ③ ④
12	① ② ③ ④	27	① ② ③ ④	42	① ② ③ ④
13	① ② ③ ④	28	① ② ③ ④	43	① ② ③ ④
14	① ② ③ ④	29	① ② ③ ④	44	① ② ③ ④
15	① ② ③ ④	30	① ② ③ ④	45	① ② ③ ④
				46	① ② ③ ④
				47	① ② ③ ④
				48	① ② ③ ④
				49	① ② ③ ④
				50	① ② ③ ④

※ 답안지 작성요령

1. 객관식 답은 해당번호에 검정색 펜으로 표기
   ▶ 바른표기 예 : ●
   ▶ 틀린표기 예 : ◑ ⊙ ✓ ⊗
2. 객관식 답을 수정할 때는 수정테이프를 사용
3. 객관식 답을 수정할 때는 두줄로 긋고 작성
4. 본 답안지를 구기거나 훼손하지 마시오.

주관식 답안란

문항	주관식 답안란	초검	재검	문항		초검	재검
주1		○	○	주16		○	○
주2		○	○	주17		○	○
주3		○	○	주18		○	○
주4		○	○	주19		○	○
주5		○	○	주20		○	○
주6		○	○	주21		○	○
주7		○	○	주22		○	○
주8		○	○	주23		○	○
주9		○	○	주23		○	○
주10		○	○	주25		○	○
주11		○	○	주26		○	○
주12		○	○	주27		○	○
주13		○	○	주28		○	○
주14		○	○	주29		○	○
주15		○	○	주30		○	○

※ 응시자는 채점란의 ○표에 표기하지 마시오.

1 2

문항	주관식 답안란	초검	재검	문항	주관식 답안란	초검	재검	문항	주관식 답안란	초검	재검	문항	사범, 1급 답안란 (2, 3급은 작성불가)	초검	재검	문항	사범, 1급 답안란 (2, 3급은 작성불가)	초검	재검
주31		○	○	주46		○	○	주61		○	○	주75		○	○	주90		○	○
주32		○	○	주47		○	○	주62		○	○	주76		○	○	주91		○	○
주33		○	○	주48		○	○	주63		○	○	주77		○	○	주92		○	○
주34		○	○	주49		○	○	주64		○	○	주78		○	○	주93		○	○
주35		○	○	주50		○	○	주65		○	○	주79		○	○	주94		○	○
주36		○	○	주51		○	○	주66		○	○	주80		○	○	주95		○	○
주37		○	○	주52		○	○	주67		○	○	주81		○	○	주96		○	○
주38		○	○	주53		○	○	주68		○	○	주82		○	○	주97		○	○
주39		○	○	주53		○	○	주68		○	○	주83		○	○	주98		○	○
주40		○	○	주55		○	○	주70		○	○	주84		○	○	주99		○	○
주41		○	○	주56		○	○		사범, 1급 답안란 (2, 3급은 작성불가)	○	○	주85		○	○				
주42		○	○	주57		○	○	주71		○	○	주86		○	○	주100		○	○
주43		○	○	주58		○	○	주72		○	○	주87		○	○				
주44		○	○	주59		○	○	주73		○	○	주88		○	○	사범II점수 (응시자 표기금지)	①②③④⑤⑥⑦⑧⑨ / ⓪①②③④⑤⑥⑦⑧⑨ / ⓪①②③④⑤⑥⑦⑧⑨		
주55		○	○	주60		○	○	주74		○	○	주89		○	○				